I. Das Vorspi

1. Vom Paläolithikum zur Eisenzeit

Spuren menschlicher Existenz finden sich in Süddeutschland
– und damit auch dort, wo heute Bayern liegt – in der frühe-
sten Phase der Altsteinzeit, die in die Wärmeperiode zwischen
der Riß- und der Würmeiszeit (etwa 200000 Jahre v. Chr.)
eingeordnet wird.

In der eisfreien Zone zwischen der mitteldeutschen Verglet-
scherung und den bis ins Alpenvorland reichenden Gletschern
der Alpen hausten Menschen, die in Höhlen oder unter vor-
kragenden Felsdächern (Abris) an steilen Jurahängen Schutz
vor den Unbilden der Witterung suchten. Sie ernährten sich
aus der Beute von Jagd und Fischfang und vom Sammeln kar-
ger Waldfrüchte. Sie waren noch nicht seßhaft, sondern suchten besonders ertragreiche Jagd-, Fang- und Sammelgebiete
periodisch auf. An dieser Lebensweise änderte sich auch
nichts, als seit Beginn des Mesolithikums (Mittlere Steinzeit,
etwa 8000 v. Chr.) mit der zunehmenden Klimaerwärmung
Flora und Fauna sich änderten und die Siedlungsbedingungen
im Gebiet südlich der Donau und im Alpenvorland besser
wurden.

Erst in der Jungsteinzeit (Neolithikum, seit dem 4. Jahrtausend v. Chr.) werden hier Getreideanbau, Zucht und Pflege
von Haustieren, die Töpferei und der Hausbau bekannt. Die
Epoche der seßhaften Ackerbauern und Viehzüchter, die Jagd
und Fischerei nur noch nebenbei betrieben, war angebrochen.
Offenbar sind damals auch schon Völker aus Südosteuropa
und aus Vorderasien hier durchgezogen.

Im 2. Jahrtausend v. Chr., am Ausklang des Neolithikums,
wurden die Gewinnung von Kupfer und die Herstellung der
Bronzelegierung bekannt. Beim Ausschmelzen der Metalle
und beim Verarbeiten durch Gießen oder Schmieden erreichten die Bronzezeit-Handwerker große Fertigkeit. Hauptsiedel-
gebiete waren die fruchtbaren Landstriche südlich der Donau,

das voralpine Moränenland und auch die Gebirgstäler, in denen Metalle gefunden wurden. In der Spätphase der Bronzezeit wird eine neue Bestattungsform üblich: Die Toten werden verbrannt, die Asche in Urnen gesammelt und diese in Grabfeldern beigesetzt. Danach erhielt die Epoche den Namen „Urnenfelderzeit". Nekropolen, die längere Zeit belegt wurden, finden sich in ganz Bayern, besonders ausgedehnt ist die von Kelheim.

Die vorgeschichtlichen Epochen von der älteren Steinzeit bis in die Bronzezeit sind nur durch Bodenfunde und deren archäologische Interpretation erschließbar. Das gilt auch für das folgende Zeitalter, die Hallstattzeit, benannt nach dem wichtigen Fundort im oberösterreichischen Hallstatt. Neu ist nun die Verwendung von Eisen für unterschiedlichste Geräte und Waffen. Eisenstein gab es in größeren Mengen; das ausgeschmolzene Roheisen war widerstandsfähig und vielseitig bearbeitbar, so daß es als Werkstoff die allergrößte Bedeutung erlangte. Seit der Mitte des ersten Jahrtausends v. Chr. sind im Handwerk und Kunsthandwerk besonders qualitätvolle Stilelemente zu beobachten, die auch neue Entwicklungslinien in Wirtschaft, Technik und Gesellschaft markieren. Das neue Zeitalter wird nach dem Hauptfundplatz bei La Tène am Neuenburger See in der Schweiz „Latène-Zeit" genannt. Die Völkerschaften dieser Epoche werden der großen, über ganz Europa verbreiteten Population der Kelten zugeordnet.

2. Die Kelten

Wohl vom 5. Jahrhundert v. Chr. an kamen vom Westen her keltische Stämme in den süddeutschen Raum und integrierten die dort siedelnden Urnenfelder- und Hallstatt-Stämme. Sie bildeten die dominierende Schicht unter der Leitung einer geheimnisvolle Riten vollziehenden Priesterkaste, die in Gallien als „Druiden" bezeichnet wurde. Aus antiken Schriftquellen (z. B. dem ‚Tropäum Alpium' aus der Zeit um Christi Geburt) kennen wir die Namen keltischer Völker: Die Vindeliker bevölkerten die schwäbisch-bayerische Hochebene im Osten bis zum Inn; östlich von ihnen lebten die Noriker; westlich davon und südlich und nördlich vom Bodensee die Helvetier; im zentralen Ostalpengebiet die Raeter. Ebenfalls den Kelten zuzuordnen sind die Boier, nördlich der Donau und bis nach Böhmen hinein. Dabei handelte es sich um größere Stammesverbände, die ihrerseits wieder in kleinere Gruppen gegliedert waren. So gelten die Licates, wohl am Lech (Licca) hausend, mit den Runcinates, Cosuanetes und Catenates als die wichtigsten Vindeliker-Stämme. Hauptort der Vindeliker war das weitläufige Oppidum (Stadt) bei Manching südlich der Donau. Im 2. Jahrhundert v. Chr. gab es dort Eisenschmieden, Werkstätten für Bronzeguß, Glasherstellung und Münzprägung. Die hier hergestellten Goldmünzen („Regenbogenschüsselchen") fanden weite Verbreitung. In den Töpferwerkstätten wurden auf der Drehscheibe große Serien von Keramikartikeln produziert. Verschiedene andere Oppida in Nord- und Südbayern erreichten nicht die Bedeutung des Manchinger Wirtschafts- und Herrschaftszentrums. Über das ganze Land verstreut finden sich regelmäßig angelegte Viereckschanzen, die wohl als *temenoi* (Kultstätten) zu deuten sind.

Manching lag am Ende des 1. Jahrhunderts v. Chr. in Trümmern. Ob dies die Folge von Auseinandersetzungen zwischen verschiedenen keltischen Stämmen oder der über das Keltenland hereinbrechenden römischen Okkupation war, ist umstritten.

3. Die römische Herrschaft in Bayern

Jedenfalls begann mit den Jahren 16/15 v. Chr. eine neue Epoche für Vindelikien: Jetzt gewannen die imperialen römischen Planungen für das nördliche Alpenvorland schicksalhafte Bedeutung. Die raetischen Völker in den Ostalpen, die vindelikischen Stämme im Alpenvorland bis zur Donau und die seit dem 1. Jahrhundert v. Chr. von Nordosten aus Böhmen über das Maingebiet bis zum Oberrhein hereinsickernden germanischen Scharen der Sueben mochten von Rom als Bedrohung empfunden worden sein. Mit den Norikern im Osten hatte die römische Republik noch ein mehr oder weniger friedliches Auskommen arrangiert. Nun, zur Augusteischen Zeit, plante Rom, den großen Raum zwischen dem Ober- und Mittelrhein und den Alpen ins Imperium einzugliedern; vielleicht sollten diese Länder die Basis bieten für den weiteren Vorstoß ins freie Germanien. Dazu ist es dann zwar nicht gekommen, aber die Feldzüge der Augustus-Söhne Drusus und Tiberius im zweiten Jahrzehnt v. Chr. beseitigten die Keltenherrschaft von Helvetien im Westen bis Vindelikien im Nordosten.

Die keltische Bevölkerung des Landes zwischen Bodensee und Wiener Wald und beiderseits der oberen Donau paßte sich in den folgenden Generationen der römisch geprägten Lebensform und Kultur so vollständig an, daß ihre Eigenständigkeit und ihre Sprache untergingen. Bemerkenswert ist, daß einige Flußnamen (wie Isar, Altmühl, Main, Ilz) und auch Ortsbezeichnungen (Campodunum-Kempten, Lauriacum-Lorsch, Abodiacum-Epfach, Boiodurum-Beiderwies bei Passau) erhalten blieben. Sonst aber mußten sich die Kelten der römischen Integrationskraft ebenso fügen, wie sie ihrerseits ein halbes Jahrtausend vorher die Hallstatt-Stämme in ihr Kultur- und Herrschaftssystem gezwungen hatten. Jetzt mußten junge Raeter und Vindeliker im römischen Heer dienen, weitab ihrer Heimat.

Im Land entstanden römische Siedlungen *(villae rusticae)*, Kastelle und Städte *(civitates)*; die Stein- und Mauerbautechnik setzte sich durch; große, nach Militärgesichtspunkten angelegte Fernstraßen (sogenannte Römerstraßen) wurden angelegt, die das bestehende örtliche Wegesystem der Keltenzeit mit modernen Mitteln erschlossen und großräumig zusammenfaßten.

Die Grenze gegen das Gebiet der Germanen zog der römische Limes, der zur Zeit Kaiser Hadrians (117–138) als starker Palisadenzaun zur Grenzüberwachung und Grenzsicherung gegen die nördlich und östlich von Obergermanien und Raetien sitzenden germanischen Stämme fertiggestellt war. In der zweiten Hälfte des 2. Jahrhunderts n. Chr. wurde der raetische Abschnitt vom württembergischen Lorch bis an die

Donau bei Hienheim gegenüber dem Kastell Eining (Abusina) als zweieinhalb bis drei Meter hohe Steinmauer ausgebaut. Dahinter lagen diesseits und jenseits der Donau zahlreiche befestigte Militärstützpunkte und Zivilsiedlungen.

Die bedeutendste dieser Siedlungen war Augusta Vindelicum (Augsburg), die Hauptstadt der Provinz Raetien seit etwa 50 n. Chr. Als Legionslager wurde Castra Regina (Regensburg) stark ausgebaut; die Reste der 179/180 n. Chr. fertiggestellten Ummauerung sind die bedeutendsten römischen Baudenkmäler, die in Raetien erhalten blieben. Diese Befestigungsanlagen am nördlichsten Punkt der Donau gegenüber der Regenmündung sind als Antwort auf die Bedrohung zu sehen, die bald nach 160 die Angriffe germanischer Stämme auf Obergermanien, Raetien und Pannonien brachten. Zwar wurden diese Raubzüge der Germanenvölker abgewehrt und auch die Romanisierung des Landes ging vor allem durch die Ansiedlung römischer Veteranen weiter. Aber im 3. Jahrhundert überrannten die Alamannen mehrfach die Limeslinien (besonders 233 und 259/260), zogen mit Raub und Brand durch die Provinzen bis nach Gallien und Oberitalien.

Die Blütezeit der römischen Epoche im Land zwischen Rhein, Donau und Alpen ging zu Ende. Die Grenze konnte nur mehr an Iller und Donau gehalten werden. Wenn auch in der ersten Hälfte des 4. Jahrhunderts eine bescheidene Stabilisierung einsetzte, so zeigten doch die Einfälle der Alamannen und weiter nördlich der Franken nach Obergermanien, Gallien und in die westliche Raetia, daß die römische Herrschaft den Schutz des Landes und ein Minimum an öffentlicher Sicherheit nicht mehr garantieren konnte.

Zudem blieben nun auch Germanen, deren Stammeszuordnung allerdings unklar ist, im Land und siedelten sich an. Teile der romanischen Bevölkerung, vor allem wohl aus der Oberschicht, zogen ab.

Frühe Belege für den christlichen Kult stammen aus der Zeit um 300 (Afra-Überlieferung in Augsburg). Die Quellen dafür sind ebenso dürftig wie für die gesamte Entwicklung im späten 4. und im 5. Jahrhundert und lassen die Struktur der

Bevölkerung, deren Leben und Wirtschaften nicht erkennen. Über die Drangsale der norisch-vindelikischen Leute berichtet die Lebensbeschreibung des 482 gestorbenen Wandermönches Severin, der bald als Heiliger verehrt wurde. Die nahe beim spätrömischen Kastell Boiodurum (Passau) auf seinen Namen geweihte Kirche mag einen schwachen Anhaltspunkt geben, um Verbindungsstränge zwischen der römisch geprägten Epoche der bayerischen Geschichte und dem folgenden Bajuwaren-Zeitalter freizulegen.

II. Auftakt im Früh- und Hochmittelalter

1. Bayern formiert sich

Nach dem Zusammenbruch der römischen Herrschaftsorganisation im norisch-raetischen Alpengebiet und im Alpenvorland war das Land nicht menschenleer. Romanen und romanisierte Kelten, dazwischen auch germanische Scharen hausten diesseits und jenseits der Donau; in Alpentälern lebten „Räter", die mit ihrer romanischen Sprache bis in die Neuzeit überdauerten. Die Karantanen im südlichen Ostalpenland mögen vielleicht auch illyrischen Ursprungs sein. Im Saale-, Regnitz- und Maingebiet waren germanische Völker elbgermanisch-suebischer Herkunft, vermutlich Teile der Alamannen, anzutreffen. Das Donaugebiet war Durchzugsland von Ost nach West. In der Mitte des 5. Jahrhunderts durchquerten es die Hunnen unter Attila von Pannonien nach Gallien. Möglicherweise blieben einige von ihnen hier zurück. Auch Splitter ostgermanischer Völker gotischer Abkunft oder Skiren dürften im Land gewesen sein.

Dieses Völkergemisch, das östlich des Lechs bei Augsburg anzutreffen war, wird um die Mitte des 6. Jahrhunderts als „Baiuvarii" bezeichnet. Vom Namen ausgehend, müßte es sich dabei um Leute *(„-varii")* handeln, die aus einem Lande „Baia" kommen oder damit zu tun haben. Kaum eine Frage in der bayerischen Geschichte hat so viele Deutungen, Interpretationen und mehr oder weniger apodiktisch vorgetragene Lehrmeinungen hervorgebracht wie das Problem der „Baiuvarii", ihres Herkunftslandes, ihrer möglichen oder angeblichen Einwanderung und der sogenannten Stammesbildung, wozu noch das Problem kommt, ob sich diese Stammesbildung – eine sensible Grundfrage des bayerischen Selbstverständnisses – unter dem politischen Einfluß der Franken, der Goten als Nachfolger des weströmischen Reiches oder eines anderen Machtfaktors vollzog.

Denn zu bedenken ist, daß in jener Zeit des ausgehenden

5. und anbrechenden 6. Jahrhunderts in Süd-, Mittel- und Westeuropa die allergrößten Umwälzungen stattfanden. Behauptete sich zunächst die gotische Herrschaft unter Theoderich (gest. 526) in Italien, so wurde dort nach deren Niedergang Ostrom unter Justinian I. (527–565) zur beherrschenden Kraft. Im Westen hingegen einigte die Merowinger-Dynastie seit Chlodwig (482–511) und dessen Sohn und Enkel nicht nur die Franken, sondern leitete auch eine weitreichende Expansion des Frankenreiches von der alten Gallia ausgehend nach Osten ein. Von ihnen unterworfen wurden die Alamannen (ca. 496 und 536), das Thüringer Reich (531), die Burgunder (532/534) und, schon 507, die Westgoten. 568 hatten die Langobarden ihre pannonischen und ostnorischen Gebiete aufgegeben und waren nach Oberitalien gezogen, was das Ende der dortigen oströmischen Herrschaft bedeutete. Nach Pannonien gelangten von Osten her Awaren und slawische Völker.

In jenen turbulenten Jahrzehnten formierten sich die Bayern zum Volk, das sich von anderen Völkern in der Nachbarschaft unterschied. Zunächst gab es dafür nur den Namen „Baiuvarii", den der Historiograph Venantius Fortunatus um 570 nennt, oder „Baibari (Baiobari)", wie es bei dem gotischen Geschichtsschreiber Jordanis um 551 heißt. Die seit dem 8. Jahrhundert einsetzenden Schriftquellen lassen das Bayernvolk nach Sprache, Lebensgewohnheiten und Rechtsnormen als eigenständige Gemeinschaft schärfere Konturen annehmen. Offen bleibt aber immer noch die Frage, wer diese „Leute aus Baiaheim" waren und wo dieses Herkunftsland gewesen sein mag. Vielleicht kamen sie aus Boiohemum (Böhmen), wie der Name anzudeuten scheint und wofür manche archäologische Belege sprechen. Sicher ist, daß die die Bayern prägende Volksgruppe aus Germanen bestand und mit den Alamannen eng verwandt war: Denn die bayerische Sprache, die seit dem 8. Jahrhundert bruchstückhaft, dann seit dem 9. Jahrhundert in vollständigen Texten überliefert ist, gehört zu den Dialekten des Althochdeutschen und weist viele Parallelen mit dem Alamannischen auf.

Unklar bleibt auch, ob die „Stammesbildung" von außen

her politisch beeinflußt wurde. Man hat dabei an die Franken gedacht, was aber sehr unwahrscheinlich ist, da sich in jenen Jahrzehnten die fränkischen Merowinger mit Erfolg um die Unterwerfung der Nachbarstämme bemühten und die Selbständigkeit der Alamannen, Thüringer oder Burgunder unterdrückten. Wie hätten sie gleichzeitig Interesse daran haben können, einem anderen, neuen Stamm auf die Beine zu helfen? Eher in Frage kommen die Ostgoten, die in der letzten Phase der Herrschaft Theoderichs (gest. 526) gewisse herrschaftliche Einflüsse ausgeübt haben könnten. Aber wirklich schlüssige Beweise gibt es auch dafür nicht. So bleibt es dabei, daß zwar um die Mitte des 6. Jahrhunderts der Name Bayern bekannt ist, daß aber Umriß und Inhalt des Stammesverbandes sich im einzelnen erst in den folgenden Generationen erkennbarer entwickelten.

2. Herzöge, Könige und Adelige

Das Gebiet, in dem sich die zum Bayernstamm zusammenfindenden Völkerschaften aufhielten, reichte vom Donauland zwischen Ingolstadt, Regensburg, Straubing und Passau nach Süden bis zum Alpenvorland, vom Lech und vom Ammersee bis zum Chiemseegebiet und über das Salzburger Land bis zur Enns. Bald wurden auch die großen Straßentäler ins Tirolische und zur Alpensüdseite erreicht; im 7. Jahrhundert finden sich Bajuwaren-Siedlungen am Brenner und im Bozener Kessel. Das Pustertal und die Nordseite der Hohen Tauern markierten um diese Zeit die Grenzen gegen die slawisch-karantanischen Völker im Osten. Auch nördlich der Donau, im sogenannten Nordgau, siedelten Bajuwaren, allerdings zusammen mit einer starken slawischen Population. Zwischen dem schwäbisch-fränkisch-oberpfälzischen Jura, dem Main und den nördlich davon gelegenen Mittelgebirgen ist seit dem 7. Jahrhundert eine starke Zuwanderung fränkischer Siedler anzunehmen. Jenseits vom Lech im Alpenraum und vom Lechrain im Alpenvorland und im Ries nördlich der Donau waren die benachbarten Alamannen anzutreffen.

Die Oberschicht. Sprache, Lebensformen und -gewohnheiten und Vorstellungen über die Rechtsnormen hielten die Bajuwaren-Völker zusammen und unterschieden sie von den Nachbarn. Eine sehr wichtige Komponente für die Bildung der Gemeinsamkeit des Stammes war offensichtlich die vom Volk anerkannte Herrschafts- und Friedensordnung des Herzogtums der Agilolfinger. Diese Familie, deren erster bekannter Vertreter, Garibald, in der zweiten Hälfte des 6. Jahrhunderts genannt wird, stammte wahrscheinlich aus dem Umkreis der Merowinger-Könige, hatte, in Bayern residierend, engen Kontakt zum langobardischen Königshaus und gebot über zahlreiche Hintersassen und großen Grundbesitz. Es ist schwer abzuschätzen, ob die Abhängigkeit vom Frankenkönig so stark war, daß man von einem Amtsherzogtum sprechen muß, oder ob die Herzöge ihre Herrschaft aus dem Volk legitimierten, so daß man von einem Volksherzogtum sprechen könnte. Im Lauf der über zweihundertjährigen Herrschaftsgeschichte der Agilolfinger wechselte das Beziehungsgefüge mehrmals. In der letzten Phase, seit den 730er Jahren, nahm der fränkische Einfluß zu, als die fränkische Politik von den tatkräftigen Hausmeiern der Pippin-Sippe geleitet wurde. Karl Martell (gest. 741) und seine Söhne Karlmann und Pippin, der 751 die fränkische Königswürde usurpierte, griffen in die bayerischen Verhältnisse ein, als es im agilolfingischen Herzogshaus Familien- und Erbquerelen gab. Der Bayernherzog Odilo mußte ausdrücklich die fränkische Oberhoheit anerkennen (744), ebenso sein Sohn Tassilo. III

Gleichwohl konnte sich Bayern unter ihm nahezu selbständig entwickeln, die Erschließung des Landes in der Binnenkolonisation vorantreiben, die Siedlung in die östlichen und südöstlichen Nachbarländer an der Donau und im Ostalpengebiet ausdehnen. Die kirchliche Entwicklung mit Klostergründungen und der Konsolidierung der Bischofssitze in Freising, Regensburg, Passau und Salzburg machte große Fortschritte. Damit war es jedoch vorbei, als der Frankenkönig Karl der Große – im Frankenreich unumstrittener Herrscher und Herr über die unterworfenen Sachsen und Langobarden – sich daran machte, den selbstbewußten und selbständig agierenden Bayernherzog zu verdrängen und das Bayernvolk der fränkisch-karolingischen Königsherrschaft zu unterwerfen. Nach mehreren „diplomatischen" und militärischen Aktionen war es 788 soweit: Wegen lange zurückliegender Vergehen wurde Tassilo zum Tod verurteilt, dann zu lebenslanger Haft begnadigt; er, seine Frau, die Langobardin Liutbirga, Söhne und Töchter verschwanden hinter Klostermauern. Das Geschlecht erlosch.

Amt und Funktion der Agilolfinger-Herzöge haben viel zur Identität der Bajuwaren beigetragen. Auskunft darüber gibt die ‚Lex Bajuwariorum', das lateinisch geschriebene Rechtsbuch der Bayern. Diese wichtigste Quelle für die Rechts-, Sozial- und Wirtschaftsverhältnisse des alten Bayern ist in der letzten Redaktionsfassung aus der Zeit kurz vor dem Jahr 750 überliefert. Entstanden ist das Gesetzbuch vermutlich in mehreren Stufen, deren älteste vielleicht schon dem 6. Jahrhundert angehört. Neben dem mit den größten Vorrechten, aber auch den wichtigsten Pflichten ausgestatteten Herzogshaus der Agilolfinger gab es die herausgehobenen großen Geschlechter *(Genealogiae)*, eine größere Adels- und Freiengruppe und die Masse der Halb- oder Unfreien. Diese bestellten von den Haus- und Hofverbänden der Adeligen und Freien aus das Land und arbeiteten in den Handwerken der Villikationen (Herrenhöfe). Das „Volk", das sich auf den Landtagen und Synoden der Herzöge versammelte, bestand aus der Oberschicht der Freien, die ihrerseits den Klientelen ihrer Abhängigen in der Rechtsordnung der Hausverbände Schutz vor Angriffen von außen boten. Aufgabe der Herzöge war es, die großräumige Rechts- und Friedensordnung zu gewährleisten und Streitigkeiten zwischen den Herren der Häuser und Höfe zu schlichten oder zu entscheiden und für die Sühnung schwerer Rechtsbrüche zu sorgen. Die Wahrnehmung dieser Aufgaben wirkte in hohem Maße integrierend und das Stammesbewußtsein fördernd. Ob die Herzöge dabei mehr oder weniger abhängig von den fränkischen Königen waren, hatte für die innere Konsolidierung der Bajuwaren-Population eher geringe

Bedeutung: Denn für die Bewußtseinsformung und -bildung der Bevölkerung insgesamt war das Wirken der näheren Herrschaftsträger – wie adeliger Grund- und Hofgerichtsherr oder wie der Herzog bei der Wahrung des Landfriedens – unmittelbarer und folgenreicher als die Autorität des fernen Frankenkönigs.

Das bayerische Herzogtum war inzwischen so etabliert, daß die Beseitigung des herzoglichen Hauses der Agilolfinger durch den Frankenkönig Karl (788) die Einheit des Stammesgebietes nicht auflöste. Der von ihm geschickte Statthalter Graf Gerold wirkte hier zwar wie in einer fränkischen Provinz, aber der Umkreis der „Bavaria" blieb erhalten. Karl der Große stand dem Land überdies zur Seite gegen die Bedrohung durch die östlichen Nachbarn, die Awaren; in mehreren Feldzügen hatte er sie so gründlich zersprengt, daß sie fortan nicht mehr in der Geschichte erscheinen.

Bayern war Bestandteil des ostfränkischen Reiches, wie es seit dem großen karolingischen Teilungsvertrag von Verdun (843) immer deutlichere Formen annahm. Bereits 830 war der hier als Repräsentant des Königshauses wirkende Enkel Karls des Großen, Ludwig der Deutsche, als *Rex Bajuvariorum*, als Herrscher über die Bayern bezeichnet worden. Regensburg war seine bevorzugte Residenz. Diese Stadt, in ihrer Bausubstanz zum Teil aus römischer Tradition lebend, blieb das ostfränkisch-bayerische Zentrum unter den späteren Karolingern, vor allem unter Arnulf von Kärnten (887–899). In der karolingischen Mark Karantanien groß geworden, sicherte er als König die ostfränkischen Gebiete gegen Angriffe von außen. In Bayern ließ er den Grafen Engildeo als Statthalter wirken, in der Ostmark den Grafen Luitpold.

Dort braute sich eine neue Bedrohung zusammen, als sich seit dem späteren 8. Jahrhundert in der pannonischen Tiefebene halbnomadisierende Völkerschaften aus den östlichen Schwarzmeergebieten zum Ungarnvolk formierten und die östlichen Gebiete Bayerns, schließlich auch das Kernland des Stammes bis zum Lech und darüber hinaus mit Beutezügen heimsuchten. In einem Gefecht mit den Ungarn bei Preßburg kam Markgraf Luitpold ums Leben, mit ihm eine Anzahl bayerischer Magnaten (907).

An Luitpolds Stelle trat sein Sohn Arnulf, der den offensichtlich großen Familienbesitz zusammenhalten konnte und bei den Bayern solches Ansehen genoß, daß er sich Herzog der Bayern nennen und eine sozusagen autochthone, ihrem Inhalt nach fast königsgleiche Herzogsherrschaft ausüben konnte. Ähnliche Entwicklungen vollzogen sich auch bei den anderen Stammesverbänden, den Sachsen, den Franken an Rhein und Main und den Alamannen in Schwaben. Deren Repräsentanten wählten nach dem Tod des letzten ostfränkischen Karolingers, Ludwigs des Kindes (911), einen neuen König, den Frankenherzog Konrad. Ihn und den 919 zum Nachfolger gewählten Sachsenherzog Heinrich gedachte Arnulf nicht ohne weiteres als Oberhaupt anzuerkennen; er wollte selbst in seinem Herrschaftsbereich, dem Stammesgebiet der Bayern, eine königsgleiche Stellung einnehmen. Auf Dauer war ihm damit kein Erfolg beschieden, um so weniger, je mehr es der sächsischen Königsdynastie der Ottonen seit Otto I. gelang, die Selbständigkeit der die Stämme repräsentierenden Herzöge unter die neue, die „deutsche" Königshoheit zu zwingen. Dazu trug in Bayern offensichtlich nicht wenig bei, daß König Otto I. 955 die Landplage der immer wiederkehrenden Ungarneinfälle beenden konnte. Auf dem Lechfeld bei Augsburg zersprengten die Aufgebote der deutschen Stämme unter Führung Ottos die Ungarn so gründlich, daß sie fortan die bayerischen Lande nicht mehr heimsuchten. Schon vorher (948) hatte Otto I. seinen Bruder, den Sachsen Heinrich, zum Bayernherzog bestellt, damit die Verdrängung der einheimischen Luitpoldinger-Sippe aus dem Herzogtum eingeleitet und eine Entwicklung begründet, die den *Ducatus Bavariae* zum Verfügungsgut der Inhaber der Königskrone machte.

Am deutlichsten trat dies im 11. Jahrhundert in Erscheinung. 1002 hatte der letzte aus der sächsischen Ottonen-Familie, Heinrich IV., seit 995 bayerischer Herzog, die deutsche Königskrone erlangt – als Kaiser Heinrich II. der Heilige ist er in die Geschichte eingegangen. Er gründete das Bistum Bamberg und stattete die Bischofskirche mit großen Güterkomplexen in Ostfranken, in der Oberpfalz, in Niederbayern und der Ostmark aus. Dabei kam viel altes bayerisches Herzogsgut in kirchliche Hand, und ihre Funktionsträger und Verwalter der Kirchenvogteien traten in Aufgaben, Rechte und Pflichten ein, die vorher den Herzögen und deren Dienstleuten zugekommen waren.

Nach Kaiser Heinrichs II. Tod (1024) erlangte Konrad II. aus dem außerordentlich mächtigen und einflußreichen rheinfränkischen Haus der Salier die Königswürde. Er und seine Erben behielten das Herzogtum Bayern in eigener Hand oder setzten dort hochadelige Amtsträger ein, die bis in die zweite Hälfte des 11. Jahrhunderts mehrfach wechselten. 1070 bekam der oberschwäbische Graf Welf I. den *Ducatus Bavariae* übertragen. Er war im bayerisch-schwäbischen Lechrain und in Tirol begütert. In den Wirren der Kaiser-Papst-Auseinandersetzung des Investiturstreites hatte er zwar zeitweilig große Schwierigkeiten, sich im Herzogtum zu behaupten, erreichte aber schließlich, daß sein Sohn Welf II. die Anwartschaft auf das Herzogtum erhielt und die Nachfolge dann auch antreten konnte (1101). Die Welfen-Dynastie, die durch drei Generationen, bis zur Absetzung Herzog Heinrichs des Löwen (1180), das Herzogtum Bayern behaupten konnte, stabilisierte die Herzogsherrschaft wieder, wenn auch der Umfang Bayerns verkleinert wurde.

Dies war letztlich eine Folge des großen Streites um den Königsthron zwischen Staufern und Welfen, der in der Mitte des 12. Jahrhunderts ganz Süddeutschland erschütterte und zu nahezu bürgerkriegsartigen Zuständen führte. Neben dem staufischen Haus, das mit Konrad III. 1138 zur Königsherrschaft gelangt war, trat das ostfränkische Geschlecht der Babenberger, das seit dem späten 10. Jahrhundert die Markgrafen in der Ostmark stellte, als wichtigster Gegenspieler der Welfen auf. Friedrich I. Barbarossa (1152–1190), der bedeutendste König und Kaiser des deutschen Mittelalters, fand zur Schlichtung des Streites und zur Sicherung des Landfriedens im Reich den Kompromiß, der in dem berühmten ‚Privilegium minus' im Jahr 1156 in Regensburg beurkundet wurde: Der Welfe Heinrich der Löwe wurde in seinem ererbten Herzogtum Bayern bestätigt, das allerdings um die zum selbständigen Herzogtum Österreich erhobene bisherige Ostmark unter der Herrschaft des Babenbergers Heinrich reduziert wurde. Heinrich der Löwe, bekannt als der Gründer Münchens (1158), entzweite sich mit seinem kaiserlichen Vetter Friedrich in den späteren Jahren so gründlich, daß er der Reichsacht verfiel und außer Land gehen mußte. 1180 erhielt das fürstliche Reichslehen Bayern mit dem Pfalzgrafen Otto von Scheyern-Wittelsbach einen neuen Herzog. Seine Familie hat bis ins 20. Jahrhundert Bayerns Geschichte maßgeblich mitgestaltet.

Das Volk. Das Bayernvolk lebte im Früh- und Hochmittelalter zum allergrößten Teil auf dem Land in Dörfern, Weilern und Einödhöfen, erwarb den notwendigen Lebensunterhalt zumeist in einer recht mühselig extensiv betriebenen Landwirtschaft und verstand sich auch auf Handwerkstechniken bei der Gewinnung und Verarbeitung von Eisen und anderen Metallen, beim Bau und Betrieb von Mühlen sowie bei der Konstruktion von Holz- und Steingebäuden. Die Fertigkeiten für die Herstellung der Lebensmittel, der Kleidung und des Schuhwerks waren allgemein verbreitet; eine handwerkliche Spezialisierung entwickelte sich hier erst allmählich.

Ein kleiner Teil der Bevölkerung lebte in den wenigen städtischen oder stadtähnlichen Orten, in erster Linie in den alten Bischofsstädten. Hier waren auch Kaufleute ansässig, die mit Importgütern handelten. Als Handelsmetropole und Kulturzentrum ersten Ranges hatte Regensburg die größte Bedeutung. Überregional wichtig war die Salzproduktion im Salzach-Saalach- und im Tiroler Gebiet.

Das Leben war hart und schwer, und die Gefahren von Natur, Klima und Witterung, die den Menschen, dem Viehstand und dem Wachstum auf den Feldern drohten, konnten nur in Gemeinschaft einigermaßen bewältigt werden. Darum war die Gesellschaft schon in sehr früher Zeit in große Haus- und Hofverbände gegliedert, die das wirtschaftliche Risiko des täglichen Lebens auf viele Schultern verteilten und das Friedens- und Rechtssystem garantieren sollten. Sie waren herrschaftlich-hierarchisch aufgebaut und standen unter der Botmäßigkeit eines freien Haus- und Hofherrn *(pater familias)*. Seit der agilolfingisch-karolingischen Epoche begaben sich viele der kleineren Hofherren unter den Schutz größerer weltlicher und geistlicher Herren, womit zwar die persönliche Freiheit vermindert, die wirtschaftliche Überlebenschance jedoch vergrößert wurde. Die Schicht der Haus- und Hofherren bestimmte neben und mit dem Herzog die Geschicke des Landes, während die Masse der Bevölkerung in persönlicher Abhängigkeit von den Herren lebte. Die Unfreiheit war vielfach differenziert: Sie reichte von den in enger Bindung an den Herrn stehenden persönlich Unfreien bis zu den sogenannten Minderfreien, die ziemlich selbständig Güter des Herrn bewirtschaften und verwalten konnten.

Aus der frühmittelalterlichen Adels- und Freienschicht erwuchs der hochmittelalterliche Adel, der nach seinem Güterreichtum und nach seinem politisch-herrschaftlichen Einfluß stark differenziert war. Die genealogischen Beziehungen sind schwer erkennbar, bei manchen der großen Geschlechter können sie aber bis in die karolingische Epoche zurückverfolgt werden. Zu dieser Gruppe gehören die Welfen, die für Bayern wichtigen sächsischen Liudolfinger-Ottonen, die bayerischen Luitpoldinger und die rheinfränkischen Salier. Eine weitere Gruppe kann seit dem 10. und 11. Jahrhundert genauer beschrieben werden, als die Gewohnheit aufkam, die Familien nach den Burgen und wichtigen Besitzbereichen zu benennen. Hierzu gehören in Bayern vor allem die Grafen von Ebersberg in Oberbayern, die Babenberger (nach dem ostfränkischen Babenberg-Bamberg benannt), die Grafen von Scheyern-Wittelsbach, die Formbacher (im Passauer Umland) oder die Grafen von Wolfratshausen-Andechs. Wie diese Familien waren auch die Grafen von Bogen (an der Donau), die Markgrafen von Cham aus dem Diepoldingergeschlecht, die Grafen von

Sulzbach-Kastl in der Oberpfalz oder die Hirschberger im Altmühltal im Landesausbau der mittelalterlichen Binnenkolonisation, in der Siedlungserschließung der Mittelgebirge, im Alpenraum und in den ostmärkischen Donauländern tätig. Die aus ihren Haus- und Hofverbänden kommenden Rodungsbauern erhielten als Anreiz für die schweren Siedlungsarbeiten häufig eine Aufbesserung ihrer Rechtsstellung, so daß die Nachteile der persönlichen Unfreiheit vermindert wurden.

Einige der Hochadelsfamilien, wie die Eppensteiner aus dem Niederbayerischen, die Otakare aus dem Chiem- und Traungau oder die rheinischen Grafen von Sponheim, fanden in den Siedlungs- und Kolonisationsgebieten in Karantanien (seit 976 Herzogtum Kärnten) und in der karantanischen Mark (späteres Herzogtum Steiermark) Zugang zu den obersten Rängen des Adelsgesellschaft. Sie erlangten Herzogswürden und Markgrafenämter und damit die Unabhängigkeit vom bayerischen Dukat. Die Hochadelsgeschlechter, auch als Dynasten bezeichnet, besaßen große Hintersassenverbände, übten im Auftrag des Königs Grafen- und Klostervogteirechte aus, wirkten als Eigenkirchenherren bei der Besetzung und Verwaltung vieler Pfarreien und stellten die Anwärter für die Besetzung der Erzbischofs- und Bischofsstühle. Ihr Besitz und ihr Einfluß reichten häufig weit über das Gebiet eines Stammes und der darauf ruhenden Herzogsherrschaft hinaus. Zur Integration und zum Zusammenhalt des bayerischen Herzogsverbandes trugen sie nicht allzuviel bei, mit Ausnahme der Familien, die das Herzogtum bekamen und daraufhin eine weitläufige und einflußreiche Dynastie entwickeln konnten. Die Grafen von Scheyern-Wittelsbach, seit 1180 Herzöge in Bayern, sind das beste Beispiel dafür.

3. Kirche und Klöster

Mit dem römischen Heer und mit den Verwaltungsbeamten war auch das Christentum nach Bayern gekommen. An den Hauptdurchgangsstraßen und in den größeren Orten gab es Bekenner der neuen Lehre, wie der Afra-Kult in Augsburg und manche archäologischen Funde anderwärts zeigen. Weitere Ausbreitung fand die christliche Lehre dann seit dem 7. Jahrhundert, als über Gallien auch nach Alamannien und Bayern die iroschottischen Wandermönche kamen, die die Lehren des hl. Columban und seines Schülers Eustasius von Luxeuil in Burgund verbreiteten. Die irischen Wandermönche, streng und aszetisch, hatten wenig Kontakt mit Rom. Das war auch noch bei der zweiten größeren Missionierungswelle in Bayern der Fall: Sie wurde von den hauptsächlich aus dem fränkischen Gallien kommenden Bischöfen Emmeram, Rupert und Korbinian kurz vor und nach 700 getragen, die die Ortspatrone von Regensburg, Salzburg und Freising wurden. Die enge Bindung an Rom kam erst auf Betreiben des agilolfingischen Herzogshauses durch den hl. Bonifatius. Er grenzte die Diözesen ab und sorgte für romtreue Bischöfe, so daß nun das gesamte bayerische Stammesgebiet durch die Diözesen Regensburg, Freising, Salzburg, Passau und Säben (später Sitz in Brixen) sowie im westlichen Teil durch den Sprengel von Augsburg kirchlich organisiert war. In dem von den Franken besiedelten und erschlossenen Ostfranken entstanden um 740 die Bischofssitze in Würzburg und Eichstätt.

Für die Pastorierung des flachen Landes waren seit dem 7. Jahrhundert viele Pfarrkirchen entstanden – erbaut, unterhalten und mit Geistlichen besetzt von den adeligen Eigenkirchenherren. Sie waren es, die dem Christentum zur Ausbreitung unter der Bevölkerung verhalfen. Die herzogliche und königliche Obrigkeit trug dazu bei, das hierarchische System der römischen Kirche durchzusetzen, was vor allem durch die Ortsgebundenheit *(Stabilitas loci)* der Bischöfe und des Klerus bewirkt wurde.

Das Herzogshaus und die führenden bayerischen Hochadelsgeschlechter errichteten Klöster und statteten die Konvente mit reichen Güterschenkungen aus. Im 8. Jahrhundert entstanden die Konvente in Niederalteich, Wessobrunn, Kremsmünster, Innichen und Mondsee als herzogliche Stiftungen; Schäftlarn, Benediktbeuern, Schlehdorf und Tegernsee wurden vom altbayerischen Adel eingerichtet. Sie waren geistige Zentren, die der Vertiefung und Ausbreitung der christlichen Lehre dienten, auch in den Missionsgebieten der östlichen Donau- und Alpenländer, die aber auch das geistige Leben und die künstlerische Produktion des Landes prägten. Nicht weniger brachten sie die materielle Kultur weiter mit planmäßiger Landwirtschaft und geschickten Handwerkern in den Klosterbetrieben.

Frühe Klosterstiftungen im Schwäbischen waren Füssen, Kempten und Ottobeuren, im Fränkischen Feuchtwangen, Herrieden und Ansbach und schließlich auch das Domkloster in Würzburg. Hier, wie auch in Altbayern, zeichnete sich damals schon ab, daß die von den Bischöfen dominierte Kirchenorganisation und die der geistlichen Ordensdisziplin der Benediktiner und Augustiner-Chorherren folgenden Abteien und Konvente oft auch im materiellen Wettbewerb standen. Die benediktinische Mönchsregel „Ora et labora" (bete und arbeite) prägte die geistlich-aszetische Frömmigkeit und das weltliche Arbeitsethos gleichermaßen: Kultus und Kultur gehörten aufs engste zusammen.

Der große Aufschwung, den das Klosterleben im 8. Jahrhundert genommen hatte, hielt in den folgenden Generationen nicht an. Bedrohungen von außen, wie die Pressionen der Ungarneinfälle, und steigende Anforderungen der weltlichen Herrenschicht, die das Schutzrecht oft schikanös handhabte, sowie wohl auch eine allgemein abnehmende Spiritualität führten im 10. Jahrhundert zu einer Stagnation des kirchlichen, vor allem des klösterlichen Lebens.

Neue Impulse zur Regeneration und Aktivierung des kirchlichen Lebens gingen im späteren 10. Jahrhundert von bedeutenden Persönlichkeiten auf den Bischofsstühlen aus: Udalrich von Augsburg (923–973), Friedrich von Salzburg (958–991) und besonders Wolfgang von Regensburg (972–994). Im 11. Jahrhundert machten die Oberhirten der Neugründung Bamberg die dortige Domschule zu einer Bildungsstätte ersten Ranges, in der die geistige Elite der Zeit herangebildet wurde.

Die geistlich-geistigen Reformbewegungen, die vom lothringischen Gorze und dem burgundischen Cluny auch deutschen Boden erreichten und über das Schwarzwald-Kloster Hirsau das monastische Bild Bayerns im 11. und 12. Jahrhundert prägten, bildeten die Grundlagen für die zweite Epoche der Klostergründungen in Bayern. Im 11. und frühen 12. Jahrhundert entstanden im Kernland des bayerischen Siedlungsgebietes und im Nordgau, in der Ostmark, in Kärnten und in der Steiermark weit mehr neue Konvente der Benediktiner und ihres Reformordens, der Zisterzienser, der Augustiner-Chorherren und der Prämonstratenser als in der frühmittelalterlichen Phase. Seitdem gab es kein Zeitalter mehr von ähnlich intensiver monastischer Spiritualität. Dabei waren jene Jahrzehnte keine ruhige, friedliche, „fromme" Zeit, ganz im Gegenteil: Die große Auseinandersetzung zwischen Kaiser und Papst, Imperium und Sacerdotium, die man vereinfacht als Investiturstreit bezeichnet, zwang die gesamte Führungsschicht, Herzöge und Dynastenadel, Bischöfe und Domkapitel, Äbte und Konvente zur Stellungnahme. Sie und dazu auch ihre Ministerialen, Lehensleute und Hintersassen mußten sich für Kaiser oder Papst entscheiden. Die Entscheidung gegen das Kirchenoberhaupt hatte meist die Strafe des Kirchenbannes (Ausschluß von den Sakramenten) oder des Interdiktes (Gottesdienstverbot für ganze Herrschaftsgebiete) zur Folge. Häufig war die Parteinahme politisch-weltlich bedingt: So beim Welfenherzog, der sich als Kaisergegner auf die päpstliche Seite schlug; oder bei Bischöfen, die zum Kaiser hielten, weil sie hier eher Schutz und Hilfe zu finden meinten in Auseinandersetzungen mit Herzog und Grafen; oder schließlich bei adeligen Herren, die beim Kaiser blieben und ihm mit bewaffnetem Gefolge dienten, weil sie gegen den päpstlich eingestellten Herzog oder gegen Rivalen aus der eigenen Schicht opponierten.

Gleichwohl hielten in jener Epoche die Klostergründungen an: Scheyern, Indersdorf, Ensdorf errichteten die Wittelsbacher, Kastl und Berchtesgaden die Grafen von Sulzbach, Reichenbach am Regen und Waldsassen die Diepoldinger, Dießen die Grafen von Andechs-Wolfratshausen, Rott, Attel, Seeon und Altenhohenau die Grafen von Wasserburg, Oberalteich,

Prüfening und Windberg die Bogener – um nur die wichtigsten zu nennen. Es gehörte zum Selbstverständnis der Angehörigen der Adelsschicht, ein Hauskloster zu haben, in dessen Kirche die Grablege der Familie war und dessen Mönche für das Seelenheil der Stifterfamilie beteten. Häufig stellten adelige Stifter ihre Stammburg für Kirche, Konvent und Wirtschaftsgebäude der Neugründung zur Verfügung. Eindrucksvoll ist dies heute noch erkennbar bei den Klosterbauten von Kastl und Reichenbach in der Oberpfalz, Scheyern und Attel in Oberbayern, Banz in Oberfranken oder Oberelchingen in Schwaben.

Ihren Höhepunkt erreichte die romanische Baukunst im 11. und 12. Jahrhundert mit den Kathedralbauten in allen bayerischen Bischofsstädten und mit den Klosterkirchen im ganzen Land, wie sie heute noch stehen oder unter der Hülle erkennbar sind, die die Neugestaltung in der Gotik oder im Barock dem alten Baubestand übergeworfen hat. St. Jakob in Regensburg, Prüfening und Prüll vor der Stadt, Ilmmünster und Moosburg im Freisinger Umland, Altenstadt oder Steingaden im welfischen Lechrain, Reichenbach und Walderbach in der Oberpfalz sowie Reichenhall und Salzburg sind bekannte Beispiele dafür. Dorfkirchen aus der romanischen Epoche stehen in Urschalling über dem Chiemsee, in Gögging an der Donau, in Perschen und Venedig, dem Vorort von Nabburg an der Naab. Die meisten Landkirchen waren im hohen Mittelalter aus Holz gebaut, doch setzte sich der Steinbau mit Quadermauerwerk oder Ziegeln allmählich durch.

Daß in vielen Burgen im ganzen Land und in den Bürgerhäusern und Geschlechtertürmen der Regensburger Altstadt romanisches Mauerwerk steckt, manches heute sichtbar, mehr noch in den Baukernen verborgen, versteht sich beinahe von selbst. Das berühmteste weltliche Bauwerk ist die Steinerne Brücke über die Donau in Regensburg, die seit ihrer Vollendung in der Mitte des 12. Jahrhunderts bis heute ihren Zweck erfüllt.

III. Vom Mittelalter zur Neuzeit

1. Die Bayernherzöge konzentrieren die Herrschaft

Der Welfenherzog Heinrich der Löwe, seit 1156 unangefochten im Besitz des bayerischen Herzogtums, hielt sich mehr in
seinen vom Vater ererbten niederdeutschen Besitzungen und
im Herzogtum Sachsen auf als in Bayern. Als mächtigster
Fürst im Reich neben dem Kaiser, als energischer und oft auch
gewalttätig regierender Aristokrat hatte er sich hier wie dort
Gegner gemacht: in Bayern Bischof Otto von Freising mit der
gewaltsamen Gründung von München (1158), in Sachsen den
Magdeburger Bischof und Adelige des Landes. Der Kaiser,
Friedrich I. Barbarossa, zunächst auf Frieden im Land, Ver-
mittlung und Ausgleich bedacht, ließ Ende der 1170er Jahre
dem Land- und Lehenrecht freien Lauf, als sich Heinrich der
Löwe weigerte, der Ladung vors Gericht zu folgen wegen
Klagen, die man in Sachsen wegen Bruch des Landfriedens
gegen ihn erhob. Nun brach die Herrschaft des Welfen-
herzogs schnell zusammen. Er verlor Eigengut und Reichslehen, verfiel der Reichsacht und mußte außer Landes gehen.
Der sächsische Teil seines Gebietes wurde zerschlagen, teils
kam er unter den Erzbischof von Köln, teils unter den neuen
sächsischen Herzog Bernhard. Der den ganzen Sachsenstamm
umfassende Herrschaftsanspruch, wie ihn Heinrich der Löwe
noch erhoben hatte, war damit aufgelöst.

Die Herzogsherrschaft der Wittelsbacher. In Bayern folgte
auf Heinrich den Löwen durch Verleihung des Reichslehens
Graf Otto von Wittelsbach, dessen Familie seit Generationen
im Besitz des bayerischen Pfalzgrafenamts war. Mit Otto I.
kam die bayerische Führungsposition an eine Familie, die im
Land begütert war, Hausklöster und Kirchenvogteien besaß,
über Dienst- und Lehensleute und viele Grundholden verfügte
und mit dem Hochadel des Reichs und dem Adel im Land
versippt und verschwägert war. Sie überlebte die allermeisten

anderen Familien, identifizierte sich – und wird noch heute identifiziert – mit dem Land Bayern und blieb so als „Haus Bayern" bis ins 20. Jahrhundert mit Bayerns Geschichte aufs engste verbunden.

Wie die altüberlieferte Herzogsherrschaft im norddeutschen Raum, so zerbröckelte auch das süddeutsche Stammesherzogtum der Bayern im 12. Jahrhundert. Die Mark Österreich war bereits 1156 zum eigenständigen Herzogtum erhoben und damit dem Einfluß des Bayernherzogs entzogen worden wie vorher schon (976) Kärnten, das südöstlichste Gebiet Bayerns. Jetzt erlangten auch die Markgrafen in der karantanischen Mark eine herzogsgleiche Stellung in dem nun Steiermark genannten Land. Die Familie der Steiermarkherzöge aus dem Haus der Otakare starb 1192 aus; das Erbe hatten sich vorher schon die Herzöge von Österreich aus der Babenberger-Familie gesichert. Bayern hatte also auch hier keine Chancen mehr. Eine ähnliche Entwicklung bahnte sich schon im 12. Jahrhundert im mittleren Alpengebiet an, in dem für den Italienverkehr höchst wichtigen Inntal, den Tälern nördlich und südlich des Brennerpasses, dem Sill-, Eisack- und Etschtal. Hier waren die Bischöfe von Brixen und Trient seit König Heinrich II. Inhaber von Grafschaftsrechten, die im Lauf des 11. und 12. Jahrhunderts zur Ausübung in die Hände einheimischer Hochadeliger kamen, der Grafen von Eppan-Ulten, Tirol und Andechs-Wolfratshausen. Auch sie erlangten eine fast schon herzogsgleiche Stellung, die der Erbe dieser Sippen, der Graf von Tirol aus dem Haus Görz, im 13. Jahrhundert als Landesherr noch ausbaute.

Mußten die Wittelsbacher im Süden und Osten des bayerischen Gebietes Einbußen ihrer Herzogsherrschaft hinnehmen, so gelang ihnen im frühen 13. Jahrhundert ein erheblicher Gewinn mit dem Erwerb von Amt und Besitz der Pfalzgrafen bei Rhein aus dem Welfenhaus. Das rheinische Pfalzgrafenamt hatte im 12. Jahrhundert einer staufischen Nebenlinie gehört und war dann an den Welfen Heinrich, einen Sohn Heinrichs des Löwen, gekommen. Diese Welfenlinie starb im Mannesstamm aus, und die welfische Erbtochter Agnes heiratete den jungen Wittelsbacher Otto II. Die Bayernherzöge waren fortan Pfalzgrafen bei Rhein und standen in der ersten Reihe der Reichsfürsten nach dem König. Als sich im Laufe des 13. Jahrhunderts der Kreis der Königswähler auf das kleine Kollegium der allein wahlberechtigten Kurfürsten einengte, war der Bayernherzog als Pfalzgraf bei Rhein der erste unter den weltlichen Elektoren. Die Pfalzgrafengüter lagen vom Neckarland um Heidelberg bis über den Pfälzer Wald zum Nahe- und Moselgebiet verstreut. Wichtigste Finanzbasis waren die sehr ergiebigen Rheinzölle, am bekanntesten der von der Pfalz Kaub im Rhein bei Bingen.

War den Herzögen damit im Westen Bayerns eine wichtige Erweiterung ihres Einflusses gelungen, so konnten sie im zentralen Gebiet des Landes zwischen Lech, Salzach und Inn, zwischen den Alpen, der Donau und dem Nordgau ihren Besitz und ihre Herrschaft im Laufe des 13. Jahrhunderts entscheidend vermehren und ausbauen. Sie profitierten davon, daß in jenen Jahrzehnten viele hochadelige Familien, die ihnen hätten Konkurrenz machen können, ausstarben und sie deren Erbe antraten. Im Oberbayerischen erloschen die Grafen von Andechs-Wolfratshausen-Dießen, die von Falkenstein und Wasserburg (beide in der Chiemseegegend reich begütert), die Grafen von Bogen und Cham-Vohburg (im Bayerischen Wald und im Donauraum), die Burggrafen von Regensburg und die Landgrafen von Stefling am Regen sowie die Grafen von Velburg im Oberpfälzer Jura, um nur die wichtigsten Geschlechter zu nennen. All diese Familien besaßen großen Eigenbesitz (Allode) mit ritterlichen Dienstleuten und bäuerlichen Hintersassen, Hausklöster und Vogteirechte über die Klosterleute und Lehensgüter vom Reich und von der Kirche.

Dies war ebenso der Fall bei den großen Besitzungen, die die Bayernherzöge Ludwig II. und Heinrich XIII. aus dem Erbe des letzten Staufers, des unglücklichen Konradin, an sich rissen. Die Mutter des jugendlichen Staufers, Elisabeth, war die Schwester der Bayernherzöge. Diese, besonders der ältere Ludwig, standen Konradin mit Rat und Tat bei, als er seine Herrschaft im Herzogtum Schwaben übernehmen und festigen und schließlich das staufische Erbe in Sizilien antreten wollte. Das Unternehmen endete unglücklich, und Konradin starb auf dem Schafott in Neapel (1268). Die Bayern hielten sich für ihre Aufwendungen schadlos am „Staufischen Erbe", das sie sich testamentarisch gesichert hatten. Nun kam reicher Besitz vom Pfaffenwinkel über den Lechrain und das bayerisch-schwäbisch-fränkische Grenzland bis in die Oberpfalz und bis zur böhmischen Grenze an die Wittelsbacher. Zum Teil war dies vorher Besitz der Welfen gewesen, zum Teil der Grafen von Sulzbach und anderer Dynasten, deren Güter die Staufer, allen voran Kaiser Friedrich Barbarossa, im 12. Jahrhundert für ihr Haus erworben hatten. Sie galten jetzt als Reichsgut, weshalb die Wittelsbacher nicht alles behalten konnten. So mußten sie die wichtige, aufblühende Stauferstadt Nürnberg und Nördlingen im Ries bald wieder herausgeben. Auch die Vogtei über die Augsburger Bischofskirche und deren Hochstiftsgüter, die sich die Bayern aus dem Staufer-Erbe aneignen wollten, blieben ihnen verschlossen. So aber zeichnen sich hier im Westen und Nordwesten Bayerns die Grenzen gegen Schwaben und Franken allmählich ab.

In jenen turbulenten Jahrzehnten des 13. Jahrhunderts mit der Besitz- und Herrschaftsumschichtung großen Stils wandelte sich das System der öffentlichen Ordnung grundlegend, nicht nur in Bayern, sondern in ähnlicher Weise überall im deutschen Reich nördlich der Alpen. Die führenden Familien des Hochadels, die Herzöge, Markgrafen und Landgrafen, waren seit der späten Salier- und der frühen Stauferzeit mit dem König und dem Reich nach den Normen des Lehensrechts in der sogenannten Heerschildordnung verbunden. Sie nahmen den ersten Rang der weltlichen Lehensleute des Königs ein und wurden seit den Fürstengesetzen Kaiser Friedrichs II. von 1231/32 auch als *Domini terrae* (Landesherren) bezeichnet. Sie bildeten einen exklusiven Kreis von Reichsfürsten, die nun ihre Reichslehen in erblicher Weise besaßen, was für Bayern ausdrücklich Kaiser Otto IV. 1205 dekretierte. Dadurch war der Bestand der reichsfürstlichen Dynastien gesichert, während das Königtum auf dem Wahlrecht der Königswähler beruhte.

Diese Grundkonstellation hat seit dem Spätmittelalter die Verfassungsstruktur des Reiches bestimmt: Die von den Reichsfürsten auf- und ausgebaute Landesherrschaft wurde zur Grundlage der neuzeitlichen Staaten im deutschen Reich, das selbst keine souveräne Staatsorganisation fand.

Die vielfältigen und ausgedehnten Haus- und Hofherrschaften der Wittelsbacher beruhten auf ihrem Eigenbesitz, besonders dicht im westlichen Oberbayern, im nördlichen Niederbayern und in der mittleren Oberpfalz, und den Kirchenvogteigütern. Dieser Besitz wurde ergänzt und erweitert durch die von den altbayerischen Dynasten übernommenen, gekauften oder ererbten Besitzungen, Burgbezirke und Schloßgüter, Landwirtschafts- und Gewerbebetriebe (wie Mühlen, Schmieden und Tafernen), Forsten, Jagden und Fischereirechte samt den dort wohnenden Bauern- und Taglöhnerfamilien und den ritterlich lebenden Dienstleuten.

Mit der Verwaltung dieser Güter waren öffentliche Aufgaben verbunden, die Sicherheit und Ordnung in den Dörfern und Fluren zu gewährleisten, die Gerichtsbarkeit in kleinen Kriminalfällen und Streitigkeiten des täglichen Lebens der Dorfbevölkerung auszuüben und weitere Anordnungen zu treffen, die das Zusammenleben und das Wirtschaften in den Höfen und Gemarkungen regelten.

Dazu hatten die reichsfürstlichen Herren noch weitere Aufgaben in der Öffentlichkeit der mittelalterlichen Gesellschaft. Sie übten die vom König abgeleitete Grafengerichtsbarkeit über die lehensrechtlich tiefer stehenden Freien aus, kontrollierten den allgemeinen Landfrieden und verfolgten die Friedensbrecher. Aus all diesen Komponenten erwuchs die Landesherrschaft der reichsfürstlichen Herzöge als eine neue Form des Herzogtums, das zwar gebietsmäßig wesentlich kleiner war als das alte vom Stamm abgeleitete, das sich aber viel umfassender auf die gesamte Bevölkerung Bayerns auswirkte.

Die Bayernherzöge und das deutsche Königtum. Das Haus Wittelsbach stand seit der Königswahl Friedrich Barbarossas (1152) in gutem Einvernehmen mit den Staufern, was Otto I.

auch die bayerische Herzogswürde (1180) einbrachte. Bei den Thronwirren, die nach Friedrichs I. Tod (1190) das Reich erschütterten, lavierten die Bayern zwischen den rivalisierenden Dynastien der Welfen und Staufer und hatten dadurch auf beiden Seiten einige Erfolge. Dann schloß sich Herzog Ludwig I. (1183–1231) König Friedrich II. an, unterstützte ihn bei großen Aktionen – wie der Vorbereitung und Durchführung des allerdings erfolglosen und verlustreichen Kreuzzugs von 1221 – und war zeitweilig Reichsgubernator für den noch unmündigen König Heinrich (VII.), den Sohn Friedrichs II. Auch Ludwigs Sohn, Herzog Otto II. (1231–1253), war meist Parteigänger des Staufer-Kaisers, wenngleich während seiner Regierungszeit die Fronten im Streit zwischen Kaiser und Papst – Friedrich II. war seit 1239 im Kirchenbann – und die Interessen in den oft auch gewalttätigen Auseinandersetzungen zwischen den rivalisierenden Adelssippen Bayerns, Schwabens und Österreichs häufig und auch kurzfristig wechselten. Schließlich heiratete Ottos II. Tochter Elisabeth den Staufer-Sohn Konrad IV. (dt. König, gest. 1254), so daß Ottos Nachfolger Ludwig II. (1253–1290) sogar zum Vormund und Mentor des letzten Staufers Konradin (gest. 1268) wurde.

Die Agonie des deutschen Königtums nach dem Untergang des staufischen Hauses beendete die Wahl des Grafen Rudolf von Habsburg (1273). Herzog Ludwig II., als Inhaber der Pfalzgrafschaft bei Rhein der einflußreichste weltliche Königswähler, hatte am Gelingen der Wahl Rudolfs zum deutschen König wesentlichen Anteil. Am Krönungstag vermählte er sich mit Mechthild, der Tochter König Rudolfs, erhielt eine beträchtliche Mitgift vom Schwiegervater auf Kosten des Reiches und wurde bald darauf von der grundsätzlich bestehenden Rückgabepflicht staufischer Reichsgüter freigestellt. Für das Herzogtum Ludwigs war dies ein großer Gewinn, den er König Rudolf zeitlebens mit Unterstützung vergalt.

König Rudolf starb 1291, Herzog Ludwig II. 1294. In den beiden folgenden Jahrzehnten, die von den Auseinandersetzungen um den deutschen Königsthron zwischen den Häusern

Habsburg, Nassau und Luxemburg erfüllt waren, spielten die bayerischen Herzöge keine herausragende Rolle. Lediglich Herzog Rudolf, der ältere Sohn Ludwigs II., konnte als Inhaber der pfalzgräflichen Kurstimme einigen Einfluß gewinnen.

König Ludwig der Bayer. Allerdings wurde er letztlich von seinem jüngeren Bruder Ludwig IV. überspielt, den man nach dem plötzlichen Tod König Heinrichs VII. aus dem Haus Luxemburg (1313) als Kandidat der luxemburgischen Partei zum deutschen König wählte. Die Habsburger hatten jedoch ihrerseits ein beschlußfähiges Quorum des Kurkollegs zustande gebracht, das nun Herzog Friedrich von Österreich auf den Königsthron erhob. Die Entscheidung in diesem „Doppelkönigtum" konnte mit rechtlich-friedlichen Mitteln nicht gefunden werden – es mußten die Waffen sprechen. In der letzten großen Ritterschlacht der deutschen Geschichte, dem Gefecht bei Mühldorf in Oberbayern (1322), siegten schließlich die Aufgebote König Ludwigs über das Heer Friedrichs von Österreich.

Im Reich war Ludwigs Königsherrschaft nunmehr unangefochten. Bald fand er jedoch in Papst Johannes XXII., der in Avignon unter französischem Einfluß regierte, einen unversöhnlichen Gegner, als er in Italien Reichs- und Kaiserrechte reklamieren wollte. Das brachte ihm die päpstliche Exkommunikation und den ursprünglich pejorativ gemeinten Titel „Bavarus" (der Bayer) ein, der ihm als später keineswegs abwertender Beiname geblieben ist. Im Streit mit dem Papsttum fand Ludwig, der sich 1328 in Rom zum Kaiser hatte krönen lassen, wichtige und wortgewaltige Helfer aus dem Umkreis des Franziskanerordens. Der Alte Hof in München, die herzogliche Stadtburg, wurde zum Zentrum der antipäpstlichen Agitation im franziskanischen Armutsstreit und der prokaiserlichen Rechtsdokumentation für die langwierigen Prozesse vor der päpstlichen Kurie.

Hauptziel Ludwigs war es, den päpstlichen Einfluß auf die Besetzung des römischen Königsthrons auszuschließen. Es gelang ihm, die Kurfürsten im „Kurverein" von Rhens am

Rhein (1338) für die Erklärung zu gewinnen, daß der Papst keinerlei Recht und Befugnis hätte, den von den Kurfürsten Gewählten zu approbieren, was bedeutete, daß die Königswürde allein auf Wahl, Krönung und Inthronisation gründen sollte.

Die Möglichkeiten, die das Reichsrecht bei der Verfügung über die reichsfürstlichen Lehen bot, nützte Ludwig der Bayer ziemlich bedenkenlos zugunsten seiner Familie aus. Seinem ältesten Sohn, Ludwig V., verlieh er 1323 die Mark Brandenburg mit ihren Nebenländern, die wegen des damit verbundenen Kurrechts besonders wichtig waren, später (1342) die Grafschaft Tirol. Er selbst gewann durch die Heirat mit der Erbtochter der niederländischen Grafschaften Holland, Seeland, Friesland und Hennegau die Anwartschaft auf diese wirtschafts- und verkehrspolitisch höchst bedeutenden und dazu ertragsstarken Länder im Nordwesten des Reiches. 1346 trat dort der Erbfall ein, und von da an bis in die erste Hälfte des 15. Jahrhunderts war das Haus Bayern an Rhein, Ems und der Zuidersee präsent.

Beim Erwerb von Tirol allerdings hatte Ludwig den Bogen überspannt: Um seinen Sohn Ludwig V. dort als Gemahl der Erbtochter Margarete („Maultasch") ins Spiel zu bringen, mußte erst deren Ehe mit dem zur Luxemburger Sippe gehörenden Herzog Heinrich von Kärnten getrennt werden. Ludwig, der Kaiser, tat dies aus kaiserlicher Vollmacht – ein starker Affront gegen die kirchliche Auffassung von der Ehe und gegen das kanonische Recht. Überdies zog er sich damit Haß und Feindschaft des Hauses Böhmen-Luxemburg zu. Auf Betreiben Papst Clemens' VI. war einer von ihnen, Karl von Mähren, bereit, sich der Wahl durch die Kurfürsten zu stellen. 1346 wählte ihn die Mehrheit des Kollegiums. Die Aussichten, daß er sich gegen Ludwig den Bayern würde durchsetzen können, waren indes nicht allzu günstig. Aber schon 1347 starb Kaiser Ludwig und keiner seiner Söhne hatte das Format, dem Luxemburger das Königtum streitig zu machen. Nach einigen Versuchen, einen Gegenkönig gegen Karl IV. zu installieren, arrangierten sie sich mit ihm, gaben die Reichskleinodien heraus und fanden sich damit ab, daß das Haus Bayern die Königswürde nun verloren hatte.

Für das bayerische Herzogtum hatte Ludwig der Bayer allerhand bewirkt: Der niederbayerische Landesteil (seit 1255 unter Heinrich XIII., dem Bruder von Ludwigs Vater) wurde wieder mit Oberbayern vereinigt; das Mönchs-Ritter-Stift Ettal wurde von Ludwig bei der Stiftung reich ausgestattet; viele bayerische Landstädte erhielten Stadtrechtsprivilegien; das in Oberbayern geltende Landrecht ließ er sammeln, überarbeiten und unter dem Namen seiner Söhne Ludwig V., Stephan II., Ludwig VI. (der Römer) und Wilhelm autoritativ neu verkünden. Er wurde in der Hauptkirche seiner Residenzstadt München beigesetzt, obwohl er sich im Kirchenbann befunden hatte. Knapp 300 Jahre später (1622) hat sein Nachfahre und Nachfolger Maximilian I. über dem Epitaph ein monumentales Grabmal errichten lassen, um dem kaiserlichen Ahnherrn zu huldigen und die Kaiserwürdigkeit des Hauses Bayern zu demonstrieren.

König Ruprecht von der Pfalz. Ein zweites Mal kam ein Angehöriger des Hauses Bayern auf den Königsthron, als im Jahr 1400 die Kurfürsten den von ihnen als „unnütz" erachteten König Wenzel, den Sohn Karls IV., absetzten und an seiner Stelle Kurfürst Ruprecht von der Pfalz wählten. Ruprecht war der Urenkel des Pfalzgrafen und Kurfürsten Rudolf, des Bruders Ludwigs des Bayern. Dieser hatte 1329 im Hausvertrag von Pavia den Nachkommen seines Bruders mit der Pfalz am Rhein und einem größeren Teil des alten Nordgaus (der späteren Oberpfalz) eine eigene reichsfürstliche Herrschaft zugeteilt, wo die Pfalzgrafen recht selbstbewußt, teils gegen die Vettern aus Bayern, teils mit ihnen zusammen Haus- und Territorialpolitik betrieben.

Ruprecht von der Pfalz bemühte sich bald nach seiner Wahl, Königsrechte in Oberitalien wieder einzufordern und in der Frage des großen Kirchenschismas zwischen den Päpsten in Rom und in Avignon (seit 1378) eine entschiedene Haltung für Rom einzunehmen. Die Einkünfte aus dem Reich waren gering und reichten mit den Einkünften aus den eigenen Herrschaften nicht hin, erfolgreiche Politik zu machen. Als pfälzisch-oberpfälzischer Landesherr hatte Ruprecht allerdings den Einfluß der böhmischen Krone im alten Nordgau zurückgedrängt, und in den rheinischen Gebieten der Pfalz nutzte er die Möglichkeiten der Reichsgutverwaltung aus, um sein Haus, besonders seinen ältesten Sohn Ludwig, der ihm als Kurfürst nachfolgen sollte, zu begünstigen. Nach zehnjähriger Königsherrschaft starb Ruprecht (1410). Von nun an hatten die Häuser Luxemburg (bis 1437) und Habsburg das Königtum fest in der Hand.

Bayerns Herzöge im Ausgang des Mittelalters. Die Söhne und Enkel Kaiser Ludwigs des Bayern verstanden es auf die Dauer nicht, das weitläufige, von der Nordsee und dem märkischen Brandenburg bis zum Inn und dem „Land im Gebirg" um Eisack und Etsch reichende Länderkonglomerat zusammen- und in der Familie zu halten. Tirol ging bereits in den 1360er Jahren an die Habsburger, die Mark Brandenburg verkauften sie 1375 an die böhmische Krone Kaiser Karls IV. und die niederländischen Grafschaften gerieten in den Sog der Herrschaftsausdehnung des Herzogshauses von Burgund, als 1425 der Holland-Zweig der Wittelsbacher ausstarb.

Die Ablösung von Tirol und der Verkauf von Brandenburg hatten viel Geld gebracht, das zum Teil in Liegenschaften im Nordgau als Pfand festgelegt war. Dies diente der inneren Konsolidierung des bayerischen Herzogtums durch Schuldenabtrag und Pfandauslösung. Wie die Söhne, so richteten auch die Enkel des Kaisers sich eigene Residenzen ein und teilten untereinander das Land und seine Einkünfte. Es gab nun im 15. Jahrhundert herzogliche Residenzschlösser und -burgen in München und Ingolstadt, Landshut, Straubing und Burghausen. Davon profitierten die Bürgerstädte und errichteten Rat- und Tanzhäuser, Münster und Dome, letztere oft gemeinsam mit den Fürsten. Die Vielfalt der spätgotischen Bau- und Stadtkultur beruhte nicht zuletzt auf der vielfältig aufgesplitterten Herrschaft der Herzöge und ihrer Statthalter und Beamten. Die Abgrenzung der Teilherzogtümer und ihrer Gerichtsbezirke trieb den gebietsmäßigen Ausbau des Landes, des „Territoriums", voran, was eine wichtige Voraussetzung für die Entwicklung des frühneuzeitlichen Staates seit dem 16. Jahrhundert war.

Immer wieder gab es Turbulenzen und Streitigkeiten zwischen den Herzogshöfen, besonders heftig mit Herzog Ludwig von Ingolstadt zwischen 1420 und 1447, dem Jahr seines Todes. Das Erbe steckte der Herzog von Landshut ein, Heinrich der Reiche (1393–1450). Auch sein Sohn Ludwig (1450–1479) und sein Enkel Georg (1479–1503) trugen zu Recht diesen Beinamen, da sie es verstanden, die eigenen Grundherrschaften gewinnbringend zu verwalten, die Gerichts- und Ämtersportel einzutreiben und Nutzen aus dem Bergbau im unteren Inntal und im Chiemgau und aus den Salzpfannen in Reichenhall zu ziehen. 1472 gründete Ludwig der Reiche die Universität in Ingolstadt, die schon bald einen guten Platz in der Rangliste der deutschen Universitäten erreichte: nach Leipzig, Erfurt, Wittenberg und Köln, aber eindeutig vor Rostock, Heidelberg, Freiburg, Tübingen oder Marburg. Die meisten davon waren von den fürstlichen Standesgenossen eingerichtet worden. Auch hier zeichnete sich das reichsfürstliche Statusdenken ab, in dem der Landshuter Herzog nicht hinter seinen Standesgenossen zurückstehen wollte.

Zur gleichen Zeit herrschte Herzog Albrecht IV. (1465–1508) in München. Er versuchte, zum Teil gemeinsam mit seinem Vetter Georg in Landshut, die Machtbasis des Hauses Habsburg in Tirol und Schwaben, über den Schwarzwald und den Rhein hinüber bis zum Sundgau aus den Angeln zu heben zugunsten des Herzogtums Bayern und dazu noch die Reichsstadt Regensburg zur bayerischen Landstadt zu machen. Doch diese Ambitionen scheiterten am Widerstand Habsburgs und der im Schwäbischen Bund zusammengeschlossenen Adeligen und Städte Schwabens. Albrecht von München konnte aber zumindest den Erbfall des Landshuter Herzogtums, das Herzog Georg seiner Tochter und deren Gemahl Ruprecht zuwenden wollte, zugunsten des altbayerischen Hauses abwikkeln und mit dem Primogeniturgesetz von 1506 die Unteilbarkeit der wiedervereinigten ober- und niederbayerischen Länder postulieren. Dies war eine wichtige Voraussetzung für die Position des Herzogtums Bayern seit dem Anbruch des 16. Jahrhunderts.

2. Land und Leute im Spätmittelalter und in der Frühen Neuzeit

Die führende Schicht im Land war weiter – wie schon im Hochmittelalter – der Adel. Das waren Familien mit großem Grundbesitz, die von ihren Schlössern aus über die Bauern und Taglöhner in den Dörfern und Hofmarken die Gerichtsbarkeit und die Dorf- und Flurpolizei ausübten. Sie stellten für den gemeinen Mann auf dem Land die unmittelbar und täglich erfahrene Obrigkeit dar. Dabei handelte es sich aber nicht mehr um die großen Dynastengeschlechter, die zum größten Teil im 12. und 13. Jahrhundert ausgestorben und vom Herzog beerbt worden waren, sondern um eine neue Schicht adeliger Herrenfamilien, die meist aus dem Ministerialenstand, der Dienstmannschaft und den alten Geschlechtern durch die ritterliche Lebensweise in den Herrenstand hineingewachsen waren – man nannte sie dann „Freiherren" (Barone). Im 14. Jahrhundert gab es an die hundertfünfzig altbayerische Adelsfamilien. Noch bis in die jüngste Zeit waren die Preysing und die Toerring, die Frauenberg und Frauenhofen, die Gumppenberg, Tattenbach, Taufkirchen oder die Weichs an der Glonn tragende Säulen in der altbayerischen Gesellschaft. Sie bildeten die Hofgesellschaft um den Herzog in den Residenzen, hatten die wesentlichen Ämter in der Staatsorganisation inne, die sich immer mehr differenzierte, und führten die Militäraufgebote.

Hofmarksgerichtsbarkeit und Grundherrschaften über die bäuerlichen Hintersassen besaßen auch die alten Klöster, die berühmten Abteien im Oberland, wie Tegernsee, Benediktbeuern, Scheyern oder Schäftlarn, und im Niederbayerischen, wie Niederaltaich, Oberaltaich oder Weltenburg. Sie waren die geistlichen und kulturellen Zentren auf dem Land, auch wenn es mit der monastischen Disziplin im 15. Jahrhundert oft nicht allzuweit her war. Die Klosterprälaten waren jedoch als große Grundbesitzer auch unmittelbare Herren über viele Landleute.

Anders lag der Fall bei den Konventen der seit dem 13. Jahrhundert gegründeten Klöster der „Minderbrüder", der Franziskaner. Sie lebten, dem Armutsideal des heiligen Franziskus entsprechend, von den Einkünften der Meßstiftungen in ihren Klosterkirchen und von den Spenden, die sie bei ihren Wanderungen über Land erbaten. Das brachte ihnen den Namen „Bettelmönche" ein. Die größte Bedeutung hatte das Franziskanerkloster in München (gegründet 1221), in dem sich die Propagandisten Kaiser Ludwigs des Bayern im Streit mit dem Papsttum sammelten. Auch sonst siedelten sich die Franziskaner vorwiegend in den Städten an.

Dort und in den größeren Märkten zeichnete sich seit dem 13. Jahrhundert der größte Wandel in der spätmittelalterlichen und frühneuzeitlichen Gesellschaft ab. Wie im 11. und 12. Jahrhundert der Adel Klöster zur Selbstdarstellung der Familien fundiert hatte, so gründeten die zur reichsfürstlichen Aristokratie gehörigen Dynastien im 13. und 14. Jahrhundert Städte. In Bayern hatte es bis dahin nur wenige urbane Siedlungen gegeben: die alten Bischofsstädte, allen voran Regensburg, Salzburg und Augsburg, und wenige Gründungsstädte, wie München, das sich der Tatkraft Heinrichs des Löwen (1158) verdankte. Nun, seit dem Anbruch des 13. Jahrhunderts, entstanden städtische Siedlungen, meist in Anlehnung an fürstliche Burgen, wie Landshut oder Neuburg an der Donau, Landsberg am Lech, Straubing an der Donau, Kufstein und Wasserburg am Inn, Reichenhall, Braunau, Burghausen und Schärding an der Salzach-Innlinie und viele andere. Durch die fürstliche Stadtherrschaft waren sie Stützpunkte für die Friedenssicherung im Überlandverkehr, garantierten die friedliche Abwicklung des Handels im Fernverkehr und wurden mit den Jahr- und Wochenmärkten zu Treffpunkten für die Handwerker, die ihre Produkte anboten, und die Bauern, die dort ihren Bedarf deckten.

Es setzte ein bis in die zweite Hälfte des 14. Jahrhunderts dauernder „Run" in die Städte und Märkte ein. Unter den Zuzüglern waren viele Handwerker aus den Landhandwerken, die nun unter dem gesteigerten Konkurrenzdruck weit mehr Waren für den Markt und in besserer Qualität, auch in neuen spezialisierten Techniken, herstellten. Diese wirtschaftlichen Möglichkeiten und die Aussicht auf eine bessere persönliche Rechtsstellung mit mehr Freizügigkeit veranlaßten viele Landleute zur Abwanderung in die Stadt. Die adeligen Grundherren versuchten zeitweilig mit Nachdruck diese Entwicklung abzubremsen. Viele von ihnen waren aber auch selbst daran interessiert, in den Städten „feste Häuser" zu bekommen und im städtischen Wirtschafts- und Rechtsleben eine Rolle zu spielen.

Das Recht, eine Stadt anzulegen und zu privilegieren, stand nur den Landesfürsten zu, da es sich ursprünglich um ein *Ius regale*, ein Königsrecht, handelte, das aber schon im 13. Jahrhundert endgültig in der Hand der Fürsten lag. Die Stadtrechtsurkunden, die im Lauf der Zeit alle Gemeinwesen bekamen, richteten sich an die Gesamtheit der Bürger, gaben die Erlaubnis zur Bildung von gewählten Ratskollegien, die städtische Satzungen mit allgemeiner Verbindlichkeit beschlossen und die den Stadtherren zu leistenden Stadtsteuern von den einzelnen Bürgern einsammelten. Die Ratsmitglieder wirkten auch im Stadtgericht unter dem herzoglichen Stadtrichter mit. Somit war die *Communitas civium* Inhaber von Herrschaftsrechten über die Bürger. Dies qualifizierte die Stadtgemeinden zur Teilnahme an der Landesrepräsentation, die man in Altbayern „Landschaft" nannte.

Zur Korporation der Landstände, die auf den Landtagen zusammenkamen und mit den Herzögen wichtige Landesangelegenheiten berieten und darüber Beschlüsse faßten, die Landsteuern festsetzten und einheben ließen und auch bei der Einhaltung des Landfriedens mitwirkten, gehörte als wichtigste und einflußreichste Gruppe der landsässige Adel. Aus der Versammlung der Ritter, die in Oberbayern im Rittertag von Oberschneitbach bei Aichach (1302) und für Niederbayern mit dem Landshuter Landtag (1311) erstmals nachgewiesen ist, entwickelte sich im Lauf des 14. Jahrhunderts durch den Anschluß der Prälatenkurie und durch die Zuziehung der Vertreter der Städte und Märkte der Landtag in Bayern. Ihm gehörten grundsätzlich nur die privilegierten Schichten an, die kommunalen Vertreter kamen aus der städtischen Oberschicht der Ratsbürger. Von einer Vertretung des gesamten Volkes kann dabei keine Rede sein, höchstens insofern, als auf die Dauer die Inhaber der Herrschaftsrechte nicht gegen grundlegende Interessen und Bedürfnisse ihrer Hintersassen und Mitbürger entscheiden und handeln konnten. Bei den Verhandlungen mit den Herzögen fanden deshalb häufig auch die Anliegen des ganzen Landes Berücksichtigung. Bis weit ins 16. Jahrhundert hinein waren die Landtage wichtige, politisch wirksame Veranstaltungen. In insgesamt 64 „Freibriefen" ließen sich die Landstände zwischen 1311 und 1565 ihre Rechte verbriefen. Die meistbegünstigte Schicht war und blieb aber der Adel.

Die Masse der Bevölkerung lebte auf dem Land und ernährte sich von der Landwirtschaft und vom Einkommen aus dem ländlichen Handwerk und Gewerbe. Die wenigsten Bauern waren freie Eigentümer der Güter, die sie bewirtschafteten, die allermeisten hatten ihre Anwesen als sogenannte Grundleihegüter im Besitz, während das Obereigentum dabei dem Grundherrn zustand. Landesherr, Adelige, Klöster oder Kirchenstiftungen bildeten die Herrenschicht. Die Bauern besaßen gegen jährliche Abgaben in Naturalien und dann mehr und mehr in Geldzahlungen, erblich oder auf Zeit oder Lebenszeit die Anwesen zur Bewirtschaftung. Bei Mißwachs oder Hagelschlag mußte der Herr die Abgaben reduzieren. Dagegen war der Bauer zu ordnungsgemäßer Feldbestellung und Wirtschaftsführung verpflichtet und mußte auch die Gebäude des Hofes instand halten. Wie in Altbayern war auch in den anderen Landschaften Süddeutschlands die bäuerliche Bevölkerung keine homogene, sozial einheitliche Schicht. Der Großbauer, obschon Grundhold eines Grundherrn, war Arbeitgeber für Taglöhner, Häusler und das Hofgesinde und stand in der

Hierarchie des Ansehens im Dorf weit über den Angehörigen der ländlichen Unterschichten.

Dieses System funktionierte nicht schlecht. Es gab einsichtige Herren, die ordentliche Grundholden patriarchalisch förderten, neben schikanösen Junkertypen und liederlichen Bauern, die bis zum Abhausen kamen. Waren schwere Arbeiten zu leisten, wie bei der Rodung für neu angelegte Hofstellen, oder wollte der Herr die Landflucht in die spätmittelalterlichen Städte verhindern, dann wurden den Bauern Vorteile geboten, wie persönliche Freiheit oder bessere, langfristig wirksame Leiherechte. Ganz große Spannungen zwischen Herren und bäuerlichen Hintersassen blieben in Altbayern offensichtlich aus, selbst im Jahr des großen Bauernkrieges von 1525, als schwäbische Bauern in den „zwölf Artikeln" die Aufbesserung ihrer Rechte forderten und im Fränkischen und Pfälzischen Schlösser und Klöster von den aufgebrachten Landleuten in Brand gesteckt und Beamte der Obrigkeit erschlagen wurden. Die Forderungen nach größeren Rechten und weniger Abgaben wurden dort mit brachialer Gewalt vorgebracht und mit stärkerer, militärisch organisierter Gegengewalt niedergeschlagen.

3. Herrschaft und Untertanen in Franken und Schwaben

Eine Herzogsherrschaft, die an ein Stammesgebiet gebunden war – wie bei den Bajuwaren und den Alamannen im Süden und den Thüringern und Sachsen im Norden –, gab es in dem dazwischen liegenden Raum vom Mittel- und Oberrhein den Main aufwärts bis zu den Mittelgebirgen und dem schwäbisch-fränkischen Jura nicht. Als Teil des Großreiches der karolingischen Franken war es stärker als die anderen Stammesgebiete mit dem Königtum verbunden. Die Gründung der Bischofskirchen in Würzburg und Eichstätt in der Mitte des 8. Jahrhunderts, deren reiche Güterausstattung und die sich abzeichnende Abgrenzung der Bischofssprengel (Diözesen) standen unter fränkischem Königseinfluß. Als zu Beginn des 11. Jahrhunderts im östlichen Teil der Diözese Würzburg das

Bistum Bamberg errichtet wurde, geschah dies auf Veranlassung und mit größter Unterstützung des deutschen Königs Heinrich II. Umkreis und Inhalt der Königsherrschaft hatten sich zwar gewandelt, aber das ostfränkische Land und seine Bevölkerung standen in beiden Epochen in engerer Verbindung mit dem Reich und dem Träger der Krone, als dies in Altbayern der Fall war.

Im 12. Jahrhundert erlangten die Staufer, zunächst als schwäbische Dynasten durch Erbschaften, dann als Könige und Rechtsnachfolger des salischen Königshauses, die wichtigste Position in Ostfranken, förderten den Bischof von Würzburg durch Verleihung der herzoglichen Gewalt in Franken, unterstützten die Königsstädte, die sich dann zu Reichsstädten entwickelten (vor allem Nürnberg, Rothenburg ob der Tauber, Weißenburg, Dinkelsbühl, Schweinfurt), und bauten ein Netz von Funktionsträgern und Ministerialen des Reiches auf. Mit dem Niedergang des staufischen Hauses in der Mitte des 13. Jahrhunderts verselbständigten sich die meisten von ihnen. Die beiden Habsburger Rudolf I. und Albrecht I. versuchten zwar Staufer- und Reichsgüter in Franken zurück unter die königliche Gewalt zu bringen, waren damit aber nicht allzu erfolgreich.

Von nun an dominierten die fürstlichen Territorialherrschaften, allen voran die Burggrafen von Nürnberg aus dem schwäbischen Haus Zollern, die durch Kauf, Heirat oder Erbschaft ansehnlichen Herrschaftsbesitz im Land „auf dem Gebirg" mit den Zentren Kulmbach, Bayreuth und Hof und „unter dem Gebirg" um Ansbach gewannen. 1363 in den Reichsfürstenstand erhoben, erhielten die Zollern 1411 die Mark Brandenburg und waren damit in die erste Kategorie der Reichsfürsten aufgerückt. Die fränkischen Lande wurden seitdem auch als Markgrafschaft (Markgraftum) bezeichnet. Zeitweilig hatten sie eigene Regenten, zeitweise wurden sie in Personalunion mit Brandenburg geführt. Besondere Bedeutung erlangten die fränkischen Zollern durch die frühzeitige Einführung der lutherischen Reformation in enger Zusammenarbeit mit der Reichsstadt Nürnberg.

Im nördlichen Grenzgebiet Frankens gegen Thüringen zwischen Main, Grabfeld und Thüringer Wald hatten die Grafen (später mit fürstlichem Rang) von Henneberg weite Besitzungen, die zum größeren Teil in mehreren Etappen an das Haus Wettin gelangten, Coburg und Sonneberg schon im 14. Jahrhundert, der Rest beim Aussterben des Geschlechts 1583.

Im westlichen Tauber-Mainland schwangen sich die Grafen von Hohenlohe, Wertheim und Rieneck, im Rangau die Castell und Schwarzenberg zur Unabhängigkeit von den anderen Großen des Landes auf. Viele von ihnen kamen aus der Reichsministerialität der Stauferzeit. Ministerialen waren vielfach auch die Ritter gewesen, die sich seit dem 16. Jahrhundert in den Kantonen des fränkischen Ritterkreises der Reichsritterschaft zusammenschlossen. Sie erkannten keinen anderen Herren über sich an als den Kaiser. In den Hochstiften der Bischöfe von Würzburg und Bamberg und auch in den erzbischöflichen Mainzer Gebieten im Spessart und im Bauland saßen sie auf ihren Schlössern und Burgen und hielten „ihre" Bauern mit ihrer Dorfherrschaft zusammen. Im 16. Jahrhundert schlossen sich viele Ritterfamilien der Reformation an, nicht zuletzt deshalb, weil sie sich dadurch von den geistlichen Landesherren emanzipieren konnten.

In den meisten Gebieten Frankens, das dann im 16. Jahrhundert vom Reich her im Fränkischen Reichskreis unter dem Direktorat des Fürstbischofs von Bamberg und des Markgrafen von Ansbach-Kulmbach-Bayreuth zusammengefaßt wurde, war die Landesherrschaft der Bischöfe, der Markgrafen, der Grafen und Freiherren und der Reichsstädte kaum gebietsmäßig („territorial") abgrenzbar. Die Hochgerichtssprengel, die Bezirke der Niedergerichtsbarkeit, der Vogtei, der Dorfpolizei und der Kirchenherrschaft deckten sich in den wenigsten Fällen. Geschlossene Gebiete einheitlicher Staatsherrschaft gab es kaum. Dadurch wurden große politische Aktionen der fränkischen Reichsstände stark behindert und vielfach auch die Plackereien der Landleute durch herrschaftliche Amtsdiener begünstigt, oft aber auch Schlupflöcher eröffnet, durch die sich die fränkischen Bauern dem Zugriff der Obrigkeit entziehen konnten.

Im bayerischen Schwaben, dem Land zwischen Lech und Iller, zwischen Ries im Norden und Allgäu im Süden, war die Situation nicht viel anders als im benachbarten Franken. Hier gab es nach dem Ende der Stauferzeit keine übergreifende Herzogsherrschaft mehr, und die hohe Geistlichkeit – der Bischof und das Domkapitel von Augsburg sowie die zahlreichen oberschwäbischen Abteien – erlangte die Reichsunmittelbarkeit ebenso wie die arrivierten Grafen, wie die Oettingen im Ries und im Wörnitzland oder die Montfort im westlichen Allgäu bis zum Bodensee hin. Dazwischen gab es einigen altbayerischen Besitz, den die Wittelsbacher aus der Konradinischen Erbschaft (nach 1269) erworben hatten, und habsburgische Herrschaften. Deren Zentrum war die Markgrafschaft Burgau, ein Herrschaftenkonglomerat, das dem Haus Habsburg kurz nach 1300 durch Erbschaft zufiel und in dem viele Adelige, die sogenannten Insassen, Grundherrschafts- und Gerichtsbefugnisse innehatten, so daß von einem geschlossenen Territorium keine Rede sein konnte. Zudem gehörten der Herzog von Bayern, der Fürstbischof von Augsburg, der Fürstabt von Kempten und andere Reichsstände zu den Insassen, was zu allerlei Reibungen mit der habsburgischen Verwaltung von Vorderösterreich führte.

Besondere Erwähnung in der Geschichte des bayerischen Schwaben verdient das Haus Fugger. Es hatte in Augsburg unter Jakob Fugger dem Reichen (1459–1525) Reichtum und politischen Einfluß auf das Haus Habsburg erlangt. König Maximilian I. verkaufte ihm die Reichsherrschaft Kirchheim in Schwaben (1507); später kamen dazu noch andere Güter quer durchs bayerische Schwaben von der Iller bis zum Lech; 1511 folgte die Erhebung in den Adelsstand, dann die Grafenwürde und schließlich der Reichsgrafenstand für die ganze Familie (1530). Über die Wollverarbeitung und Leinenproduktion waren die Fugger ins große Geschäft gekommen, beherrschten bald den Silber-, Kupfer- und Buntmetallwarenmarkt und stiegen ins internationale und äußerst risikoreiche

Bank- und Kreditgeschäft ein. Das führte für sie und andere oberdeutsche Handelshäuser – vor allem die Welser aus Augsburg – nahe an den Konkurs. Daß die Fugger bis heute allgemein als wirtschaftlich erfolgreiche und kulturfördernde Familie gelten, geht nicht zuletzt auf ihre weit bekannte soziale Stiftung der Fuggerei in Augsburg zurück. Hier erhalten bis heute mittellose Bürger der Stadt aus Stiftungsmitteln kostenlose Wohnungen.

Augsburg und Nürnberg waren die bedeutendsten Reichsstädte in Oberdeutschland. Beide hatten seit dem 13. Jahrhundert die unmittelbare Stadtherrschaft des Bischofs (Augsburg) und des Burggrafen (Nürnberg) abgeschüttelt und allein die Königsherrschaft anerkannt. Beide Bürgergemeinden bauten florierende Gewerbebetriebe auf: Textilproduktion in Augsburg, Metallverarbeitung in Nürnberg. Damit und mit weitläufigen Bergbauunternehmungen, mit großen Bank- und Kreditgeschäften verdienten die führenden Geschlechter – Fugger und Welser in Augsburg, letztere auch in Nürnberg – gewaltige Vermögen. In der ersten Hälfte des 16. Jahrhunderts kulminierte der Wirtschafts- und Politikeinfluß der Reichsstadtpatrizier, dann aber kam es zu zahlreichen Vermögenszusammenbrüchen.

Das geistige und künstlerische Leben blühte: Die Humanisten Konrad Peutinger und Willibald Pirckheimer, die Maler Hans Holbein d.Ä., Hans Burgkmair, der große Albrecht Dürer, Michael Wolgemut, die Bildhauer Adam Kraft und Veit Stoß, der Erzgießer Peter Vischer oder die Buchdrucker Anton Koberger (Nürnberg) und Erhard Ratdolt (Augsburg) wirkten weit über ihre Heimatstädte hinaus. Die bürgerliche Stadtkultur erreichte auf nahezu allen Gebieten der bildenden Kunst und in vielen Bereichen der geistes- und naturwissenschaftlichen Forschung hohes Niveau. Sie erfaßte die Patrizier, die Handelsherren und auch die Handwerksmeister, wie etwa der Zusammenschluß der Meistersingergilde um Hans Sachs in Nürnberg belegt.

4. Reformation – Katholische Reform – Gegenreformation

Martin Luthers Thesen und Lehren verbreiteten sich seit 1517 in Oberdeutschland, Franken, Bayern und Schwaben genauso schnell wie in den anderen Reichsgebieten. Entlang der großen Handelsstraßen liefen die Nachrichten und die Druckschriften durchs Land, in vielen Städten bildeten sich Gruppen von Anhängern Luthers, in Bayern beispielsweise in Ingolstadt, der Universitätsstadt. Dies veranlaßte Professor Johannes Eck, dem Luther zudem seine Thesen zugeschickt hatte, die neuen Lehren in der Konfrontation abzuwehren. Er provozierte Luther zu den Äußerungen über Kirche und Papst, die diesem die Bannandrohung, den Kirchenbann und dann auch die Reichsacht eintrugen (1521).

In den fränkischen und schwäbischen Reichsstädten unter der Führung von Nürnberg und Augsburg fand die neue Lehre Prediger und Hörer, und auch in der im Bayerischen gelegenen Reichsstadt Regensburg, in den Herrschaften und Gerichten der Kurfürsten von der Pfalz in Heidelberg und der Pfalzgrafen von Neuburg an der Donau und auf dem Nordgau. Als auf dem Reichstag von Speyer 1526 die Entscheidung für oder gegen die reformatorischen Lehren weitgehend den weltlichen Obrigkeiten („Wie sie es vor Gott und dem Kaiser verantworten können") überlassen wurde, kam es zu einem starken Schub der Ausbreitung lutherischer und zwinglianischer Lehren und dann auch zur organisatorischen Verfestigung der neuen Kirchen unter der Leitung der städtischen Ratskollegien oder der landesherrlichen Regierungskanzleien, die sich nun als kirchliche Konsistorien verstanden, weil die bischöflichen Instanzen nicht mehr anerkannt wurden. Der Markgraf von Brandenburg-Ansbach erließ gemeinsam mit dem Rat der Reichsstadt Nürnberg 1533 eine Kirchenordnung auf der Basis der lutherischen Theologie mit der neuen Rechtfertigungslehre und mit einer neuen, von der bisherigen Papst-Bischofs-Kirche unabhängigen Kirchengemeinde. Die äußerst starke Spiritualität des täglichen Lebens und der breiten Volksmassen wurde in ein obrigkeitlich geregeltes Kirchenwesen umgeleitet und die radikalen und schwärmerischen Gruppen, wie die Wiedertäufer, in die Sektiererecke abgedrängt.

In den 1530er und 1540er Jahren war in den Reichsstädten Frankens und Schwabens und in Regensburg die Kirchenorganisation im Sinn der lutherischen Theologie, in einigen schwäbischen Städten mit stärkerem Schweizer Einschlag, umgesetzt. Die meisten der Grafen und Freiherren – wie die Oettingen-Oettingen in Schwaben, die Hohenlohe, Henneberg, Castell und Schwarzenberg in Franken, dazu natürlich auch die markgräflichen Zollerngebiete und schließlich viele der Reichsritter in Franken und Schwaben – hatten sich von der römischen Kirche losgesagt, ohne daß von seiten der Bischöfe oder des Klerus oder der Klöster wesentlicher Widerstand geleistet worden wäre. Eher im Gegenteil: Viele Klosterkonvente lösten sich auf, weil sich die Mönche der neuen Kirchenorganisation anschlossen, viele Pfarrer predigten und zelebrierten nach den reformatorischen Schriften und den neuen Agenden, und die Theologen an Universitäten in protestantischen Ländern – besonders Wittenberg und Tübingen waren für Bayern wichtig – arbeiteten und publizierten im reformatorischen Sinn.

Weder die Politik mit den Beschlüssen der Reformationsreichstage, dem Bündnis der Schmalkaldener (1531), dem Schmalkaldischen Krieg (1546/47) und den verschiedenen vorläufigen Anordnungen („Interim") noch die mehr oder weniger politisch motivierten Religionsgespräche konnten die Entwicklung verhindern, die schließlich zum Augsburger Religionsfrieden (1555) führte. Danach war die Entscheidung für das Bekenntnis der römischen Kirche oder für die „Augsburgische Konfession" (Confessio Augustana) von 1530 den Reichsfürsten, Reichsstädten und Reichsrittern jeweils für ihre Untertanen vorbehalten. Bei den Protestanten war damit der Weg in die obrigkeitlich reglementierte Staatskirche vorgezeichnet.

Im fränkischen und im schwäbischen Reichskreis waren aufs ganze gesehen nur die geistlichen Staaten der Bischöfe

(Hochstifte) und die Reichsabteien bei der römischen Kirche geblieben. Im bayerischen Reichskreis folgten die Reichsstadt Regensburg, das Fürstentum Pfalz-Neuburg, die Oberpfälzer Gebiete der Heidelberger Kurfürsten und einige kleinere Grafenherrschaften (Ortenburg und Sulzbürg) der neuen Lehre. In Neuburg wurde dies ab 1618, in der Oberpfalz seit 1623 durch die energisch betriebene Gegenreformation rückgängig gemacht.

Das Herzogtum Bayern blieb der römischen Kirche treu, in erster Linie wegen der aus persönlicher Glaubensüberzeugung heraus getroffenen Entscheidung der beiden gemeinsam regierenden Herzogsbrüder Wilhelm IV. (1508–1550) und Ludwig X. (1508–1545). Theologisch beraten wurden sie vom Ingolstädter Professor Dr. Johann Eck, politisch vom humanistisch gebildeten Juristen Leonhard von Eck. Die kirchliche Haltung erschöpfte sich jedoch nicht in der Ablehnung des Luthertums und in der mit harten Polizeimaßnahmen und drakonischen Gerichtsurteilen durchgesetzten Unterdrückung der neuen Lehre. Der Führungskreis um den Herzogshof war der Meinung, daß die Hinwendung zur Reformation soziale Unruhen hervorrufe und daß die Gesellschaftsordnung insgesamt gefährdet werden könne. Die Landesherren bemühten sich, die offenkundigen Mißstände im Pfarrklerus und in den Mönchskonventen zu bekämpfen. Da die Bischöfe nichts dergleichen unternahmen, erwirkten sie vom Papst die Erlaubnis zu Pfarr- und Klostervisitationen und zur Mitwirkung bei der Besetzung der Pfarreien. Dadurch wurde die Basis verstärkt, auf der sich das bayerische Staatskirchenrecht der Neuzeit mit dem engen Zusammenwirken von Staat und katholischer Kirche entwickelte.

Mehr noch brachte seit der Jahrhundertmitte die starke Förderung der Societas Jesu, der Jesuiten, durch das Herzogshaus das Reformwerk der katholischen Kirche voran. Die Gründung der Jesuitenkollegien in Ingolstadt (1556) und München (1559), die Eröffnung der Jesuitengymnasien in München und anderen bayerischen Städten kamen nur mit der Unterstützung Herzog Albrechts V. (1550–1579) zustande, der auch bewirkte, daß die Universität Ingolstadt nach den Intentionen des Ordens ausgerichtet wurde. Das unter seinem Nachfolger Wilhelm V. (1579–1597) vollendete weitläufige Kolleggebäude in München mit dem großartigen Renaissancebau der Michaelskirche stellte diese Gesinnung im Zentrum der Landeshauptstadt unmißverständlich zur Schau.

Albrecht V. nahm die Zugeständnisse an die protestantischen Reichsstände, die durch den Augsburger Religionsfrieden von 1555 und die Freistellung der Bekenntniswahl begünstigt worden waren, hin. In seinem Herzogsterritorium ließ er jedoch keine Zweifel aufkommen, daß der Landsassen-Adel eindeutig bei der katholischen Lehre bleiben müsse. Obwohl er zur Finanzierung der Hofhaltung, der landesfürstlichen Ämter und Gerichte und des ganzen Staatsaufwands auf die Hilfe der Landstände angewiesen war und ihnen im weltlich-herrschaftlichen Bereich auch einige Privilegien einräumte, ließ er auf dem religiös-kirchlichen Gebiet letztlich nicht mit sich reden. Die zeitweilige Freigabe des Laienkelches als Kennzeichen reformatorischer Gesinnung wurde auf dem Landtag von 1568 eindeutig abgestellt und damit die landesfürstliche Religionshoheit gesichert. Künftig dominierte die Fürstenherrschaft im Staat, und der landsässige Adel war nicht mehr bereit und auch nicht mehr in der Lage, dagegen nachhaltig zu opponieren.

Wilhelm V. ruinierte die Finanzen des Herzogtums durch übermäßige Ausgaben für Kirche und Klerus, für Kunst, aber auch für Krieg, als es galt, die Reformation vom Erzstift Köln fernzuhalten und dort den bayerischen Prinzen Ernst, Wilhelms Bruder, als Erzbischof zu installieren (1583). Die Finanzmisere zu wenden, überließ er seinem Sohn Maximilian I., beteiligte ihn an den Regierungsgeschäften und dankte schließlich ganz ab (1598).

Mit Maximilian (1598–1650) kam ein arbeitsamer, kenntnisreicher und glaubensstarker Herzog an die Regierung in der Münchener Residenz, die er, nachdem die schlimmsten Schulden aus der Zeit von Vater und Großvater abgetragen und die Einnahmen durch straffe Verwaltungsführung und

Rechnungskontrolle stabilisiert waren, in einem neuen Stil der Staatsrepräsentation erbaute. Neben den ererbten Kunstsammlungen wurde darin auch seine eigene Kollektion, darunter die bedeutendste Dürer-Sammlung, die es je gab, verwahrt.

In Maximilians Staatsauffassung hatten die Landstände mit autochthonen Herrschaftsansprüchen keinen Platz. Die Adelsprivilegien wurden wohl bestätigt, schon weil der Fürst die adeligen Familien für das Residenzleben, den Hofstaat und die höheren Beamtenstellen brauchte. Aber die großen Staatsaktionen in der Außen- und Reichspolitik, im Verhältnis zum Kaiser und den anderen Reichsständen gestaltete Maximilian allein mit seinen Beratern. Das wichtigste Vorhaben der inneren Staatsordnung war die 1616 abgeschlossene Neuordnung des Landrechts und der Prozeßordnung, die von den herzoglichen Räten und einem Landtagsausschuß vorbereitet und beraten wurde und in Oberbayern und Niederbayern zu einer einheitlichen Gesetzgebung führte.

Um 1600 verschärften sich im Reich die konfessionellen Gegensätze ganz entschieden – eine Folge der Konsolidierung der katholischen Kirche nach dem Konzil von Trient (1545–1563), dessen Beschlüsse allmählich Wirkung zeigten. In Bayern setzten sich die Herzöge, in der schwäbisch-fränkischen Nachbarschaft die Bischöfe Heinrich von Knöringen (Augsburg, 1598–1646), Martin von Schaumburg (Eichstätt, 1560–1590) und – besonders nachdrücklich – Julius Echter von Mespelbrunn in Würzburg (1573–1617) für die Umsetzung der Reformbeschlüsse ein. Vielerorts waren ihnen dabei Jesuiten behilflich.

Die politische Wirkung der konfessionellen Verhärtung blieb nicht aus: 1608 sammelten sich die protestantischen Reichsstände unter Führung von Kurpfalz in der „Union" von Anhausen, im folgenden Jahr die katholischen in der „Liga" unter maßgeblicher Beteiligung Maximilians von Bayern, der sich damit in der ersten Reihe der Reichsfürsten profilierte. Die Erhaltung der katholischen Lehre und der politischen Wirksamkeit der katholischen Reichsstände war ihm vordringlich und grundsätzlich höchst wichtig, doch wurde dieses Anliegen noch übertroffen von der Maxime seines politischen Handelns: die Würde, das Ansehen und die Wirkmöglichkeit des Hauses Bayern zu sichern und zu mehren.

Er zögerte daher nicht, Kaiser Ferdinand II. im Streit mit den böhmischen Ständen beizustehen, weil sich hier abzeichnete, daß sein großer Konfessionskontrahent Kurfürst Friedrich V. von der Pfalz, als böhmischer König von den Ständen gewählt, über dieser Aktion zu Fall kommen würde und Maximilian dann in die Pfälzer Kurwürde und damit in das oberste Gremium der Reichsfürsten einrücken könnte. Dieser Plan ging auf: Nach der Schlacht am Weißen Berg bei Prag (1620), der Niederlage, Flucht und Ächtung Friedrichs V. erhielt Maximilian als Lohn für seinen Einsatz den Kurhut des Pfälzers zunächst für sich persönlich, dann auch (1628) erblich für sein Haus Bayern und dazu die Städte, Ämter und Gerichte auf dem bayerischen Nordgau, der Oberpfalz.

Dieses Land war, wie alle Pfälzer Gebiete, im 16. Jahrhundert zunächst dem Luthertum, dann seit der Regierungszeit des Kurfürsten Friedrich III. (1559–1576) dem reformierten, calvinisch beeinflußten Bekenntnis zugeführt worden. Maximilian I. von Bayern zögerte nicht, mit Nachdruck die Gegenreformation einzuleiten und den katholischen Kultus wiederherzustellen. Dasselbe war schon seit 1615 in dem benachbarten Fürstentum Pfalz-Neuburg geschehen, dessen Landesherr, Pfalzgraf Wolfgang Wilhelm, unter dem Einfluß seines Schwagers Maximilian zum Katholizismus konvertiert war. Im bayerischen Reichskreis waren seitdem nurmehr die Reichsstadt Regensburg und die kleinen Grafschaften Ortenburg (bei Passau) und Sulzbürg-Wolfstein (bei Neumarkt in der Oberpfalz) lutherisch.

Im großen Krieg, der durch das Eingreifen Schwedens (seit 1630) zur Rettung der deutschen Protestanten und Frankreichs (seit 1635) zum Austrag der französisch-habsburgischen Hegemonie-Ansprüche längst zur europäischen Auseinandersetzung geworden war, wurden Bayern, Franken und Schwaben zum Schauplatz der schlimmsten Ausschreitungen schwedischer, kaiserlich-ligistischer und französischer Heere. Vor allem die Feldzüge in den Jahren 1632/34 und 1646/48 verheerten das Land, das zudem unter Hungersnot und Seuchen litt.

In den Verhandlungen, die zu den Westfälischen Friedensverträgen (1648) führten, konnte Maximilian die Kurwürde und die Oberpfalz behaupten und sogar durchsetzen, daß hier die Wiederherstellung des konfessionellen Status von 1624 entgegen den allgemeinen Normen des Westfälischen Friedens unterblieb. Maximilian I. starb 1651, und das Land stand vor der riesigen Aufgabe, die Schäden und Verwüstungen des Krieges zu beseitigen.

5. Die bayerischen Kurfürsten vom Westfälischen Frieden bis zum Ende des Ancien régime

Bayern war nach dem großen Krieg verarmt, auf dem flachen Land lag in manchen Gegenden die Hälfte der Bauerngüter öde. Der Staatsschatz, den Maximilian I. vor 1620 angesammelt hatte, war durch Kriegs- und Militärausgaben aufgebraucht. Der neue Kurfürst, *Ferdinand Maria* (1651–1679), hielt sich aus kostspieligen Aktionen zwischen den großen Mächten – dem Kaiser und der Krone Frankreichs – heraus und sorgte sich um das Funktionieren der Verwaltung, um die Abgaben der Kammergüter hereinzubringen. Die Landstände, die er nochmals zu einem Landtag versammelte (1669), hatten viel Vermögen eingebüßt. Sie überließen die Steuerverwaltung, die ihnen seit alters zukam, ihrem ständigen Ausschuß. Auch an der Tilgung der fürstlichen Schulden mußten die Stände mitwirken, während ihr politischer Einfluß fast verschwunden war. Die Fürstenherrschaft näherte sich dem Absolutismus französischer Prägung.

Auf diesem Weg schritt Ferdinand Marias Sohn und Nachfolger, *Max Emanuel* (1679–1726), fort. Dazu wollte er „Gloria militar", Ruhm als draufgängerischer Heerführer, gewinnen. Gelegenheit dazu bot sich ihm, als die Türken Österreich, den Kaiser und – wie man meinte – das Reich bedrohten. Er war mit bayerischen Aufgeboten dabei, als die Kaiserhauptstadt Wien von den türkischen Belagerern entsetzt wurde (1683), und er kommandierte die Armee, die 1688 Belgrad einnahm. Sein Kriegsruhm war weit bekannt auf dem Balkan, aber die bayerischen Soldaten bluteten dafür, und das Land mußte zahlen.

Das Kurfürstentum, das Aufgaben genug für einen sorgsamen Landesvater geboten hätte, war Max Emanuel auf die Dauer zu eng. Er suchte einen weiteren Wirkungskreis, den er auch fand, als er 1692 vom spanischen König Karl II. die Statthalterschaft in den spanischen Niederlanden mit Residenz in Brüssel übertragen bekam. Die Erwartungen, die man dort und an den Höfen in Madrid und London auf das Wirken des bayerischen Kurfürsten gesetzt hatte, waren hoch: Er sollte die Wirtschaft sanieren, die militärische Abwehr der französischen Angriffe im sogenannten Pfälzischen Erbfolgekrieg (1688–1697) organisieren und soziale Spannungen in den flämisch-wallonischen Landschaften zwischen Kanalküste, Niederrhein und Maas ausgleichen. Die Aufgaben waren groß und vielfältig, die Mittel für Wirtschafts- und Staatsreformen aber gering. Zudem blieben die Zahlungen aus der Madrider Zentrale aus, und die aus Bayern überwiesenen Gelder reichten nicht hin, um den kostspieligen Hofhalt, den luxuriösen Lebensstil und die Kunstsammelleidenschaft Max Emanuels zu finanzieren. Im Grunde galt sein Interesse auch mehr seinen persönlichen und dynastischen Zielen als dem wirtschaftlichen und sozialen Wohl der Niederlande. Er gedachte, über die Statthalterschaft seinen Rang zum souveränen, möglichst königlichen Herrscher zu erhöhen und vielleicht auch bei der Erbfolge um den spanischen Königsthron mit im Spiel zu sein, da König Karl II. von Spanien keine direkten Erben hatte. Nach seinem Tod stand die Krone Spaniens mit ihren unermeßlichen Nebenländern zur Disposition. Die deutschen Habsburger in Wien und die Bourbonen in Frankreich rechneten sich gute Positionen im Erbgang aus. Schließlich errichtete der Spanier-König ein Testament zugunsten des Bayernprinzen Joseph Ferdinand, des Sohnes Max

Emanuels und der Habsburgerin Marie Antonie. Max Emanuel sah sich kurz vor dem Ziel seiner Wünsche, denn als Vormund des 1692 geborenen Prinzen hätte er eine wichtige Rolle zu spielen gehabt. Doch Joseph Ferdinand starb plötzlich 1699, kurz vor König Karl II. Um das Erbe kam es zum Krieg, der europäische Ausmaße annahm. Max Emanuel stellte sich auf die Seite Philipps V. von Frankreich, den Karl von Spanien schließlich noch als Erben eingesetzt hatte. Philipp bestätigte den bayerischen Kurfürsten als Statthalter in den Niederlanden und war auch damit einverstanden, daß Max Emanuel den Hauptgegner, Kaiser Leopold I., der für seinen Sohn Karl das Erbe der spanischen Habsburger beanspruchte, von Bayern aus angreifen sollte. Trotz einer nach Süddeutschland entsandten französischen Armee und hoher Subsidienüberweisungen gingen diese Pläne jedoch nicht auf. Zwischen Höchstädt an der Donau und Blindheim vernichtete das habsburgische und englische Heer unter den Feldherren Prinz Eugen und Herzog John of Marlborough die französisch-bayerische Armee (1704). Max Emanuel schloß sich den fliehenden Franzosen an und ging wieder in die Niederlande, während Bayern unter österreichische Besatzungsverwaltung kam. Bauern und Bürger in Niederbayern und im bayerischen Oberland versuchten den Aufstand gegen die kaiserliche Administration, scheiterten damit aber vollständig, zuletzt im Massaker an der Sendlinger Kirche vor München am Weihnachtstag 1705.

Der Kurfürst verfiel der Reichsacht (1706), hielt sich im Hennegau, dann in Frankreich auf, ganz auf die Zahlungen Ludwigs XIV. angewiesen. Er mußte zufrieden sein, in den Friedensschlüssen von 1714 sein angestammtes Kurfürstentum Bayern wiederzubekommen, was die französischen Unterhändler beim Kaiser durchgesetzt hatten. Nur als potentieller Gegner des habsburgischen Kaisers spielte der Kurfürst von Bayern eine gewisse Rolle im politischen Kalkül Frankreichs. In die Heimat zurückgekehrt, entfaltete er wieder ein pompöses Hofleben, obwohl das Land durch Krieg und Besatzung verarmt war. Kurz vor seinem Tod (1726) brachte er immerhin noch einen großen Familienvertrag über die gegenseitige Erbfolge der bayerischen und der pfälzischen Wittelsbacher (Münchener Hausunion 1724) zustande. Und auch Bayern und Österreich waren sich wieder nähergekommen durch die Hochzeit zwischen dem bayerischen Kurprinzen Karl Albrecht und der Kaisertochter Maria Amalie (1722).

Als Kurfürst versuchte *Karl Albrecht* (1726–1745) im Konzert der großen Mächte mitzuspielen, wollte es weder mit Frankreich noch mit dem Kaiser in Wien verderben. Da Kaiser Karl VI. keine männlichen Erben hatte, rechnete man sich in München, mit alten bis ins 16. Jahrhundert zurückreichenden Verwandtschaftsbeziehungen und Eheverträgen argumentierend, Ansprüche auf das Habsburger Erbe aus. Der Kurfürst widersprach dem österreichischen Hausgesetz der Pragmatischen Sanktion von 1713/24, wonach Karls Tochter Maria Theresia Alleinerbin sein sollte. Als der Kaiser 1740 starb, stand zudem die Königswahl an. Karl Albrecht ließ sich auf das Wagnis ein, sich der Wahl durch die Kurfürsten zu stellen. Er fand auch eine Mehrheit, vor allem durch die Unterstützung des preußischen Königs Friedrich II., der seinerseits Maria Theresia das österreichische Schlesien entreißen wollte. Mit tatkräftiger Hilfe Frankreichs gelang den Bayern zunächst der Einfall in Ober- und Niederösterreich und in Böhmen (1741). Aber als im folgenden Jahr die Kaiserkrönung Karl Albrechts, des dritten Wittelsbachers auf dem deutschen Königsthron, stattfand, hatte sich das Kriegsglück schon wieder gewendet. Die Österreicher besetzten Bayern und drangsalierten das Land. 1744 konnte der Kaiser zwar in seine Hauptstadt München einziehen, aber die Aussichten, auf Dauer die Oberhand über das Haus Habsburg zu behalten, waren minimal. 1745 starb der Kaiser, erst 47 Jahre alt.

Sein Sohn *Max III. Joseph* (1745–1777) war Realist genug, um bald einzusehen, daß Kurbayerns Mittel und Möglichkeiten nicht hinreichten, in der Reichspolitik und im politischen Getriebe der großen europäischen Mächte eine führende Rolle zu spielen. Im Friedensvertrag von Füssen (1745) verzichtete er deshalb auf alle Ansprüche an das Haus Habsburg, stellte in Aussicht, die bayerische Kurstimme Franz Stephan, dem Gemahl von Maria Theresia, zu geben, und wurde dafür im ungeschmälerten Besitz des Kurfürstentums Bayern bestätigt.

Völlig heraushalten aus der Politik der großen Mächte konnte sich Bayern auch nach der Mitte des Jahrhunderts nicht, schon wegen seiner Lage zwischen den habsburgischen Besitzungen in Österreich und in Schwaben und wegen der potentiellen Angriffsorientierung Frankreichs gegen Österreich. Doch blieb der Einsatz an der Seite Österreichs und Frankreichs im Siebenjährigen Krieg gegen Preußen (1756–1763) recht bescheiden und hinderte den Kurfürsten kaum, sich der inneren Staatstätigkeit im Sinne des aufgeklärten Absolutismus zu widmen. Mit Hilfe der Landstände gelang es, den immensen Schuldenberg, den die überzogene Außen- und Kriegspolitik der Vorgänger hinterlassen hatte, etwas abzubauen und die Konsolidierung der Staatsfinanzen einzuleiten. Der einheitlichen Rechtsordnung im Kurfürstentum dienten die das Bürgerliche Recht sowie das Straf- und Prozeßrecht umfassenden Kodifikationen des Staatskanzlers Wiguläus Xaver Alois Freiherr von Kreittmayr (1751–1756), die, das Bürgerliche Recht (Landrecht) betreffend, bis zum Bürgerlichen Gesetzbuch von 1900 in Kraft blieben.

In der Kirchenpolitik verstärkte die staatliche Seite ihren Einfluß auf die Kirchenorganisation, in der Schulpolitik versuchte man sich mit der Einführung der allgemeinen Schulpflicht (1771). In der Wissenschaftsförderung gelang dem Kurfürsten das größte Werk mit der Gründung der Bayerischen Akademie der Wissenschaften (1759). Die Historische Klasse gab bald gute, lange Zeit vorbildhafte Editionen mittelalterlicher Urkunden aus den bayerischen Klöstern heraus. Die Philosophische Klasse, der auch die gesamten Naturwissenschaften zugewiesen waren, konnte das Niveau der Akademie in Berlin (gegr. 1707) und Göttingen (gegr. 1751) jedoch nicht erreichen.

Max III. Joseph, allgemein als „Friedensfürst" geachtet, starb 1777. Damit trat der Erbfall nach den Wittelsbacher Hausverträgen ein. Karl Theodor von Sulzbach, seit 1742 pfälzischer Kurfürst in Mannheim, trat die Nachfolge in München an, wohin er nach den Erbverträgen seine Residenz verlegen mußte.

Karl Theodor (1777–1799) hatte sich zunächst der Ansprüche Österreichs zu erwehren, die Joseph II. aufgrund angeblicher Erbrechte erhob. Mit Hilfe des Preußen-Königs, der einen Zugewinn Österreichs im Reich nicht dulden wollte, wurden diese Aktionen zurückgewiesen. Allerdings mußte dabei das Innviertel abgetreten werden (Frieden von Teschen 1779). Auch weitere Versuche des Kaisers, den bayerischen Kurfürsten zu Tauschgeschäften (Bayern gegen die österreichischen Niederlande) zu gewinnen, blieben erfolglos, vornehmlich wegen der preußischen Intervention, denn Karl Theodor wäre nicht abgeneigt gewesen, das ungeliebte Altbayern aufzugeben.

Mit dem Kurfürsten kamen viele Pfälzer in leitende Staatsstellungen nach Bayern, und allerhand Versuche wurden unternommen, Landwirtschaft, Handel und Gewerbe, den Straßenbau und die Kultivierung von Moorgebieten voranzubringen. So wie in Mannheim, der Pfälzer Residenz, das Nationaltheater das lebhafte Interesse Karl Theodors gefunden hatte, flossen auch in München große Summen in den Betrieb des Hoftheaters und der Oper. Mozart-Opern wurden gespielt, aber leider gab es keine „Vacatur" am Dirigentenpult für den Meister.

In den oberen Schichten der aufgeklärten Gesellschaft Deutschlands wurde in den späteren Karl-Theodor-Jahren der vom Ingolstädter Juristen Adam Weishaupt gegründete Illuminatenbund bekannt, eine nach Freimaurerart organisierte Gesellschaft, die Staat und Kirche durch recht utopische Ideen verbessern wollte. Dies erregte das Mißtrauen des Kurfürsten und seiner engeren Umgebung. Also wurde der Orden verboten, viele Mitglieder in Bayern schikaniert, wodurch der Geheimbund erst die eigentliche Publizität erhielt. Das war kurz vor 1789. Die Furcht vor den Freiheitsparolen der Französischen Revolution beherrschte den Kurfürsten und seine engsten Berater, zumal die zum Wittelsbacher Patrimonium gehörenden rheinischen Gebiete in der Pfalz dem Einfluß Frankreichs nahe lagen.

Aber zu einer tatkräftigen Unterstützung der Großmächte Österreich und Preußen, die 1792 in den Krieg gegen Frankreich eintraten, war der Kurfürst nicht bereit und das Land dazu militärisch auch gar nicht in der Lage. Lange konnte Bayern die Neutralitätspolitik jedoch nicht durchhalten, es mußte den Koalitionen gegen das revolutionäre Frankreich beitreten (1793). Schließlich stand das bayerische Militär unter österreichischem Kommando, aber auch die Österreicher konnten Bayern nicht vor dem Einfall der französischen Heere schützen. Wieder wurde das Land zum Kriegsschauplatz, bis 1801 in Lunéville der Frieden geschlossen wurde, der die gesamten linksrheinischen Besitzungen des Kurfürsten an Frankreich auslieferte. Karl Theodor hat dies nicht mehr erlebt. Nach seinem Tod (1799) folgte ihm sein weitläufiger Vetter *Maximilian IV. Joseph* von Pfalz-Zweibrücken, der mit seinem ersten Berater Maximilian Baron Montgelas nun die Zügel in Bayern übernahm.

Die Kurfürstenzeit in Bayern begann während des großen Krieges im 17. Jahrhundert und endete in den Koalitionskriegen an der Wende vom 18. zum 19. Jahrhundert. Dazwischen ging mehrmals der Krieg über das Land hinweg. Trotzdem hinterließ die Epoche ein großes kulturelles Erbe, heute noch sichtbar in den Residenzen und Schlössern, den Kirchen und Konventen, die von den weltlichen und geistlichen Herrschaften veranlaßt, geplant und gebaut wurden und die Grundholden durch das Scharwerk, die Steuern und Abgaben mit realisiert haben. Ausgangspunkt waren die vom Kurfürstenhof in und um München initiierten Bauten, die Theatinerkirche, der Ausbau der kurfürstlichen Residenz, die Schlösser Nymphenburg und später Schleißheim. Von italienischen, vor allem aus Graubünden stammenden Architekten, Polieren und Maurern ausgeführt, brachten sie den italienischen Barock nach Bayern. Enrico Zucalli, Antonio Riva, Lorenzo Sciasca und Giovanni Agostino Viscardi waren die wichtigsten Meister. Auch die Klosterprälaten – von Fürstenfeld, Tegernsee und Benediktbeuern, über Weltenburg und Speinshart bis nach Waldsassen im Stiftland – taten sich als Bauherren hervor. Natürlich arbeiteten die Meister nicht nur im Bayerischen, auch in Passau und Salzburg und in den fränkischen Bischofsstädten stehen ihre Bauten. Die altbayerischen Brüder Wolfgang, Georg, Leonhard und Johann Dientzenhofer sind dafür beispielhaft.

Unter Max Emanuel wurde dann der französische Einfluß mit den Werken von Joseph Effner oder François Cuvilliés sichtbar. Sie führten hin zum bayerischen Rokoko mit den Werken von Egid Quirin und Cosmas Damian Asam und von Johann Michael Fischer, der St. Michael in Berg am Laim vor München, die großartigen Klosterkirchen in Zwiefalten und Ottobeuren und viele andere, große und kleine Kloster- und Dorfkirchen errichtete. Einer der großen Meister des süddeutschen Rokoko ist Dominikus Zimmermann aus Landsberg am Lech, sein bekanntestes Werk die Wallfahrtskirche in der Wies bei Steingaden. Zimmermann arbeitete wie andere Rokoko-Meister mit den Wessobrunner Stukkatoren zusammen, Wanderhandwerkern aus der Hofmark des Klosters Wessobrunn, die von Baustelle zu Baustelle zogen und mit ihrem Kunsthandwerk die dekorativen Ideen der Architekten umsetzten.

IV. Vom 19. Jahrhundert bis zur Gegenwart

1. Das Königreich im Deutschen Bund und im Deutschen Reich

Die Turbulenzen der Napoleon-Epoche. Gestalt und Umriß des neuen Bayern entstanden in den politischen, wirtschaftlichen und mentalen Unruhen der napoleonischen Zeit. Der Kurfürst von Pfalz-Bayern, Maximilian IV. Joseph aus der zweibrückischen Nebenlinie der Dynastie, hatte 1799 das Familienerbe in Altbayern, in der Kurpfalz und am Niederrhein übernommen. Die linksrheinischen Herrschaften waren allerdings schon seit dem Beginn der 1790er Jahre in Händen des revolutionären Frankreich. Auf den rheinischen Besitz mußte der Kurfürst verzichten, als die Reichsdeputation in Regensburg in ihrem Hauptschluß von 1803 unter französischer Regie Rang und Besitzstand der alten Reichsstände neu ordnete. Dabei blieb die Reichskirche mit den Territorien der fürstbischöflichen Hochstifte und der Reichsabteien auf der Strecke. Auch die meisten Reichsstädte wurden mediatisiert. Bayern gewann dadurch große bisher geistliche Gebiete in Franken (Hochstifte Bamberg, Würzburg und Eichstätt) und Schwaben (Hochstift Augsburg und zahlreiche schwäbische Reichsabteien) und ein gutes Dutzend Reichsstädte im früheren fränkischen und schwäbischen Reichskreis.

1805 schlossen sich Bayerns Kurfürst und sein leitender Minister Montgelas Frankreich an in dessen Kampf gegen den habsburgischen Kaiser. Auf der siegreichen Seite stehend, erhielt Bayern auf Kosten Österreichs die habsburgischen Besitzungen in Vorderösterreich zwischen Lech und Iller, die vorarlbergischen Herrschaften und die Grafschaft Tirol samt den Fürststiften Brixen und Trient, wenig später (1806 und 1810) auch noch die brandenburg-preußischen Markgrafen-Gebiete Ansbach und Bayreuth und das inzwischen habsburgisch gewordene Salzburg und Berchtesgaden. Im unter fran-

zösischem Protektorat stehenden Rheinbund (1806) erhielt
Bayern die Möglichkeit, die fränkisch-schwäbischen Reichsgra-
fen und Reichsritter zu mediatisieren. All das wurde staatsideo-
logisch überhöht und integrativ zusammengefaßt durch die
von Maximilian Joseph proklamierte Königswürde (1. Januar
1806), die durch die Macht Napoleons ermöglicht wurde. Der
Preis dafür war hoch: Die Bundesgenossenschaft mit dem
französischen Kaiserreich verlangte auch den Militäreinsatz
der Bayern, am schlimmsten im russischen Feldzug (1812),
der 30 000 Soldaten das Leben kostete.

Die Umwälzungen und Neuerungen, die das neue Jahrhundert dem neuformierten Staatswesen in der inneren Verfas-
sungs- und Sozialstruktur gebracht hatte, waren nicht weniger
tiefgreifend als der Wandel des reichsständischen Kurfürstentums zum souveränen Königreich. Nahezu alle Lebensberei-
che, auf die der Staat Einfluß nimmt, wurden davon erfaßt.
Dem Grundsatz nach wurden die Gleichheit aller vor dem Gesetz, die gleiche Leistungspflicht für die öffentlichen Lasten
entsprechend dem individuellen Vermögen, die allgemeine
Schulpflicht, die gleiche Waffenpflicht der Männer, die Freizügigkeit innerhalb des Königreichs sowie die Gleichberechtigung der Religionsausübung der christlichen Konfessionen
eingeführt, wenngleich es weiterhin mancherlei Privilegien für
den Adel und die höheren Beamten gab. Die Gerichts- und
Herrschaftsrechte der Bischöfe und Klöster wurden säkularisiert. Alle Neuerungen waren als Grundlage für die weitere
Entwicklung in der sogenannten Konstitution von 1808 nie-
dergelegt und zusammengefaßt, die ebenso wie die radikale
Neuordnung der Gerichte und Verwaltung die Integration der
höchst heterogenen Landesteile vorantreiben sollte.

Nach dem Zusammenbruch des französischen Empire mußte Bayern an Österreich größere Gebiete im Süden und Osten
(Tirol, Vorarlberg, Salzburg und oberösterreichische Gerichtsbezirke) abtreten, wofür das Königreich den Besitz im westlichen Unterfranken arrondieren konnte und aus der linksrheinischen französischen Konkursmasse den Rheinkreis (später
„Pfalz" genannt) als Entschädigung erhielt.

Bayern hatte nun den bis heute gültigen Gebietsstand erreicht – wenn man vom Erwerb Coburgs (1920) und vom Verlust der Pfalz (1946) absieht. Es war das größte und volkreichste Land unter den Mittelstaaten, nach Fläche und Bevölkerungszahl (77 500 km^2, 3 700 000 Einwohner) übertraf es die Königreiche Hannover, Sachsen und Württemberg um ein Vielfaches. Nicht zu vergleichen war es allerdings mit den deutschen Großmächten: Preußen war viermal größer und hatte die dreifache Einwohnerzahl, Österreich – ohne die ungarischen, südslawischen und italienischen Gebiete – besaß die vierfache Größe und die zweieinhalbfache Bevölkerung.

Diese Gegebenheiten waren die wichtigsten Voraussetzungen für Bayerns Politik und für die Rolle, die das Königreich in der deutschen, der „nationalen" Geschichte des 19. Jahrhunderts spielen konnte. Zunächst bildeten die beiden Großmächte Österreich und Preußen zusammen mit den Mittel- und Kleinstaaten und den freien Städten auf dem Wiener Kongreß (1815) den Deutschen Bund als Vereinigung souveräner Fürsten und freier Städte zum gegenseitigen Schutz ihrer Sicherheit und Unabhängigkeit nach außen und innen. Das wichtigste und höchste Organ des Bundes war der Bundestag in Frankfurt am Main, ein Gesandtenkongreß der 39 Mitgliedsstaaten. Von einer nationalen Vertretung des Volkes, wie sich dies romantische und befreiungskriegsbegeisterte Studenten und Intellektuelle vorstellen mochten, war keine Rede. Der Gesandte Österreichs präsidierte dem Bundestag, und Habsburgs restaurative und restriktive Politik des Staatskanzlers Metternich prägte die Epoche bis zur Mitte des Jahrhunderts.

Bayern in der Vormärzzeit. Bayerns innere Struktur stellte sich demgegenüber fast liberal-fortschrittlich dar. Die etatistisch gedachten Reformansätze entwickelten König, Verfassungskommission und Ministerialbürokratie weiter zu der am 26. Mai 1818 vom König dem Volk gegebenen Verfassung, die als wichtigste Neuerung die Volksvertretung als in zwei Kammern gegliederte Ständeversammlung brachte. Der Landtag, wie die beiden Kammern seit 1848 auch genannt wurden, hatte Mitwirkungsrechte bei der Gesetzgebung und bei der Aufstellung und Kontrolle des Staatshaushalts. Zur ersten Kammer gehörten die Reichsräte, die kraft Geburt (wie die königlichen Prinzen oder die Chefs der standesherrlichen Familien), nach königlicher Ernennung oder kraft Amtes (Kronbeamte oder Vertreter des Klerus) die Mitgliedschaft erlangten. Die zweite Kammer bestand aus Abgeordneten, die nach einem höchst komplizierten, ständisch differenzierten und zum Teil mehrfach indirekten Wahlsystem gewählt wurden. Adel und Besitzbürgertum waren überproportional vertreten. Mit der Einführung des Wahlsystems war jedoch der Anfang gemacht für eine Beteiligung breiterer Volksschichten am Staatsgeschehen.

Der Beginn des parlamentarischen Lebens in Bayern war nicht leicht, da die unterschiedlichen Anschauungen der Volksvertreter und der Regierungskommissäre, die meist auch die Meinung des Königs zu vertreten hatten, heftig aufeinanderprallten. König Ludwig I. (1825–1848) bestand mit Nachdruck auf der Einhaltung des „monarchischen Prinzips", daß der König Quelle aller staatlichen Wirksamkeit in Gesetzgebung, Rechtssprechung und Verwaltung sei und daß die Beteiligung des Volkes daran die Autorisation durch den Monarchen voraussetze. Bürgerlich-freiheitliche Bewegungen, die sich vornehmlich in den sogenannten neubayerischen Landesteilen, besonders in Franken und in der Pfalz, bemerkbar machten, sahen ihre Ziele vor allem durch die staatliche Zersplitterung, welche der fürstliche Partikularismus mit sich brachte, behindert. Daraus ergab sich die Verbindung von nationaler Einheitsbewegung und bürgerlicher Freiheitsbewegung. Man meinte, durch die Überwindung der Einzelstaatlichkeit in der nationalen Einheit die bürgerlichen Freiheiten gewinnen zu können. Die Reihenfolge der Forderungen im Lied des Heinrich Hofmann von Fallersleben „Einigkeit und Recht und Freiheit" zeigt deutlich die Wertschätzung, die der nationalen Einheitsparole schon in der Vormärzzeit zukam. Veranstaltungen, die Einheits- und Freiheitsfragen zum politischen Programm erhoben – wie das Hambacher Fest in der bayerischen Pfalz (1832) –, waren Bayerns König und der Regierung suspekt, und die Wortführer hatten mit Verfolgung zu rechnen.

Die Forderungen, die im Jahr 1848 in den Ländern des Deutschen Bundes nicht weniger als in anderen europäischen Staaten die Menschen bewegten, waren vielfach schon im Vormärz-Liberalismus laut geworden. In Bayern hatte die „Revolution" eine spezielle Vorgeschichte, die bereits 1846/47 wegen der privaten Beziehungen Ludwigs I. zu der vorgeblichen Spanierin Lola Montez begann und zur Entfremdung des Königs von den konservativen Kreisen des Adels und des Klerus führte.

Der König ersetzte 1847 den klerikal-konservativen Innenminister Carl von Abel durch den altliberalen Georg Ludwig von Maurer. Unter dessen „Ministerium der Morgenröte" wurden Reformen vorbereitet, die dann im Sommer 1848 sehr schnell durch das Gesetzgebungsverfahren von Staatsrat und Landtag liefen.

Inzwischen hatten sich die Unruhen in der Hauptstadt durch die von der Pariser Februarrevolution mit der Absetzung des Königs Louis Philippe ausgehende Bewegung verstärkt, so daß sich Ludwig I. zu weitgehenden Zugeständnissen für Verfassungsreformen gezwungen sah. Da dies seinen Anschauungen von der Realisierung der Königswürde nicht entsprach, zog er für seine Person die Konsequenz und dankte zugunsten seines ältesten Sohnes Maximilian II. (1848–1864) ab. Der Wechsel an der monarchischen Spitze des Staates ging ohne Probleme vonstatten. Der neue König proklamierte die Übernahme der Krone und leistete vor den Ständevertretern den Eid auf die Verfassung. Das monarchische Verfassungsgefüge war durch die Revolution in Bayern zu keinem Zeitpunkt in Frage gestellt. Im weiteren Verlauf klangen die Unruhen in der Hauptstadt schnell ab, ebenso wie sozial motivierte Aufstandsbewegungen in fränkischen und schwäbischen Adelsherrschaften, besonders als die Reformgesetze des Landtags vom Juni 1848 bekannt wurden, die für weite Teile der ländlichen Bevölkerung Verbesserungen brachten.

Nach der Revolution von 1848. Maximilian II. hielt sich an die Zusagen seines Vaters, berief den Landtag ein und ließ die vom „Märzministerium" unter Führung der liberalen Minister Freiherr von Thon-Dittmer und Freiherr von Lerchenfeld ausgearbeiteten Gesetzentwürfe im Staatsrat – wenngleich persönlich eher widerwillig – passieren. Die Reichsräte- und die Abgeordnetenkammer beschlossen in kurzer Zeit mit großer Mehrheit die Reformgesetze, die die Gesellschafts-, Wirtschafts- und Verfassungsstruktur nachhaltig prägten und eine tiefgreifende Veränderung der Verfassung von 1818 darstellten. Sie betrafen zum einen das Landtagswahlrecht, das die Bevorzugung einzelner Geburts- und Berufsstände nicht mehr kannte, einen niedrigen Steuerzensus beibehielt und indirekt durch Wahlmänner ausgeübt wurde. So war man der liberalen Forderung nach gleichem Wahlrecht mit einheitlicher Gewichtung der einzelnen Stimmen ein Stück nähergekommen. Zum anderen wurden die Befugnisse des Landtags erweitert und die Verantwortlichkeit der Minister gegenüber den Kammern geregelt. Liberalen Vormärzforderungen entsprachen auch die Gesetze über die Presse, das Versammlungs- und Vereinsrecht und über die Neuordnung der Gerichtsbarkeit mit der Einführung der Öffentlichkeit und Mündlichkeit im Strafverfahren. Weitere grundsätzliche Reformen der Gesetzgebung und der Gerichtsverfassung sowie der Verwaltungsorganisation wurden angekündigt. Die Verwirklichung dieser Reformvorhaben zog sich eineinhalb Jahrzehnte hin, einmal wegen der äußerst komplizierten Rechtsmaterien, dann aber auch aufgrund der in den 1850er Jahren abnehmenden Reformbereitschaft von Krone und Ministerium.

Das wichtigste Reformwerk stellte die Aufhebung der bisher vom Adel ausgeübten patrimonialen Gerichtsbarkeit und Hoheitsverwaltung dar. Die Herrschafts- und Patrimonialgerichte gingen ohne Entschädigung der bisherigen mediaten Gerichtsherren an den Staat über. Größte sozialgeschichtliche Bedeutung hatte auch die vom Staat durchgeführte Ablösung der Grundherrschafts-, Scharwerks- und Zehntleistungen der bisherigen Grundholden des Staates, des Adels und der Kirchen. In einem langwierigen, letztlich erfolgreich abgewickelten Verfahren leisteten die bisherigen Hintersassen Bodenzinse zur finanziellen Entschädigung der früheren Grundherren, die ihre Rechte aus dem mittelalterlichen Grundherrschaftssystem herleiteten. Die Bauern wurden dadurch zu freien Eigentümern ihrer Güter. Diese in Bayern durchgeführte Art der „Bauernbefreiung" stärkte den selbständigen und selbstbewußten Bauernstand mit seinen vorwiegend mittel- und kleinbäuerlichen Wirtschaftsbetrieben und begründete seine gesellschaftspolitische Stellung in den folgenden Jahrzehnten.

Bayern und das Frankfurter Parlament. Neben der Verwirklichung der bürgerlichen Freiheitsrechte bewegte das Volk 1848 die deutsche Frage, wie das lockere Staatenbündnis des Deutschen Bundes zu einem Bundesstaat mit einem Reichsoberhaupt umgestaltet werden könne, wie es die national gesinnten Kreise im Bürgertum wünschten. In Bayern und in den anderen Ländern wurden Abgeordnete gewählt, die am 18. Mai 1848 in Frankfurt am Main zur Nationalversammlung zusammentraten. Ihr hatte der frühere Bundestag die Kompetenz zur Verfassungsreform übertragen. Sie installierte eine provisorische Reichsgewalt unter dem habsburgischen Erzherzog Johann als Reichsverweser sowie ein Reichsministerium.

Die Verfassungberatungen beschäftigten sich zunächst mit den Grundrechten des deutschen Volkes, dann mit dem erblichen Kaisertum, das dem preußischen König zugedacht war, und schließlich mit dem Umfang des Reiches, vor allem mit der Frage, ob dazu auch alle habsburgischen Erbländer, gleich welcher Nationalität, gehören sollten. Bei der Mehrheit der Frankfurter Abgeordneten setzte sich die sogenannte kleindeutsche Lösung für ein Reich ohne Österreich durch – die meisten bayerischen Abgeordneten traten jedoch für die Zugehörigkeit Österreichs ein. Die Führung des Reiches sollte nach den von Bayerns König favorisierten Plänen einem Dreier-Direktorium übertragen werden, in dem neben den beiden Großmächten auch die Mittelstaaten vertreten waren.

Heftig gestritten wurde über die Frage der Verfassungskompetenz, die die Nationalversammlung für sich in Anspruch nahm, während die Föderalisten darauf bestanden, allein durch Vereinbarung zwischen der Nationalversammlung und den Regierungen die anstehenden Fragen zu klären.

Maximilian II. lehnte die von der Frankfurter Versammlung am 28. März 1849 beschlossene Reichsverfassung mit dem Ausschluß Österreichs und der Proklamierung des preußischen Königs zum Kaiser ab. Friedrich Wilhelm IV. von Preußen fand sich aber nicht bereit, die Krone von einer Volksvertretung entgegenzunehmen. Damit war das Frankfurter Verfassungswerk gescheitert. Dagegen agitierten freiheitlich und zum Teil republikanisch und zentralistisch gesinnte Bevölkerungskreise in Franken (mit Zentrum in Nürnberg) und Schwaben sowie in der bayerischen Pfalz. Dort kam es zum bewaffneten Aufstand, der die Sezession vom rechtsrheinischen Bayern proklamierte. Im Mai 1849 zersprengten preußische und dann auch bayerische Truppen die Pfälzer Aufständischen, die meisten Anführer gingen ins Exil. Die Rückkehr zum staatsrechtlichen Status quo des im Deutschen Bund mit den anderen deutschen Ländern vereinigten souveränen Königreichs war nurmehr eine Frage kurzer Zeit. Im September 1850 trat unter Österreichs Vorsitz der Bundestag in Frankfurt wieder zusammen, und bald darauf kehrte auch Preußen dorthin zurück, nachdem seine Pläne, mit den außerösterreichischen Staaten eine Union zu schließen, gescheitert waren.

Ziel der deutschen Politik Bayerns in den 1850er Jahren, vertreten von Maximilian II. und seinem leitenden Minister Ludwig Freiherr von der Pfordten (1849–1859 und 1864–1866), war die Erhaltung des Deutschen Bundes, weil dieser die Selbständigkeit der Mittel- und Kleinstaaten garantierte. Bayern wollte die Bundesverfassung reformieren, um dem „Dritten Deutschland" neben den beiden Großmächten Österreich und Preußen stärkeres Gewicht und stärkeren Einfluß zu verschaffen. Im Sinn dieser sogenannten Trias-Idee strebte Bayern als größter Mittelstaat eine führende Position an, als Gegengewicht zur Dominanz des Großmächte-Dualismus. Ein Haupthindernis hierbei war jedoch die geringe Bereitschaft der anderen größeren Bundesmitglieder, der Königreiche Sachsen, Hannover und Württemberg sowie des Großherzogtums Baden und der beiden hessischen Staaten, sich einem bayerischen Führungsanspruch unterzuordnen.

Die deutsche Einigung. Weder gelang es Bayern, in der Bundesreform neue Akzente zu setzen, noch konnte Minister von der Pfordten bei den außenpolitischen Verwicklungen, die der Krimkrieg (1854–1856) und der italienische Krieg Österreichs (1859) brachten, Erfolge in der angestrebten Vermittlungspolitik verbuchen. Dazu war unverkennbar, daß die nationale Frage, vor allem im Bürgertum der bayerischen Städte lebendig, den eigenstaatlichen Souveränitätsbestrebungen Bayerns entgegenwirkte. Diese Kreise sahen in Preußen, dessen Politik seit 1862 unter der Leitung des Ministerpräsidenten von Bismarck stand, die entscheidende Führungskraft für die Lösung der deutschen Frage. Preußen war bestrebt, wichtige Probleme außerhalb der Bundesorganisation zu lösen: Dies gelang z. B. im Schleswig-Holstein-Konflikt (1864), den die deutschen Großmächte unter sich bereinigten (Konvention von Gastein). In der weiteren Entwicklung stand Bayern auf der Seite Österreichs und stimmte schließlich bei der Zuspitzung des Konflikts 1866 der Mobilmachung der Bundeskontingenttruppen gegen Preußen zu, ohne dafür militärisch entsprechend vorbereitet zu sein. So kam es zur Niederlage Österreichs, Bayerns und deren anderen Verbündeten, womit das Schicksal des Deutschen Bundes besiegelt war – er löste sich im Herbst 1866 auf. Bayern mußte im Friedensvertrag Gebiete abtreten, Kriegsentschädigungen zahlen und in ein zunächst geheimgehaltenes „Schutz- und Trutzbündnis" mit Preußen einwilligen. Darin war für künftige Kriege das bayerische Militär dem preußischen Oberbefehl unterstellt, ein erster wesentlicher Verzicht auf die Ausübung von Souveränitätsrechten zugunsten Preußens.

Eine weitere Voraussetzung für die preußische Dominanz war die seit der Vormärzzeit unübersehbare wirtschaftliche

Führung der norddeutschen Großmacht, die nach der Gründung des Deutschen Zollvereins (1833) Österreich aus dem deutschen Wirtschaftsraum verdrängte. Bei den turnusmäßig fälligen Verlängerungen des Zollvereinsvertrags nützte Preußen seine starke wirtschaftliche Position rigoros aus und verhinderte Pläne zur Aufnahme Österreichs in den Verein, was Bayern mehrfach zu erreichen versuchte. Bei der Verlängerung des Vertrags 1862 zwang Preußen die anderen Mitgliedsstaaten, den preußisch-französischen Handelsvertrag (1860) anzuerkennen, wodurch Österreich die sogenannte Meistbegünstigung im Zolltarifrecht verlor. Dies kam einem vorweggenommenen „wirtschaftspolitischen Königgrätz" gleich.

Das Vertragswerk von 1866 bildete die Grundlage für die Entscheidung der Frage, ob sich Bayern an dem 1870 heraufziehenden Krieg zwischen Preußen und Frankreich beteiligen würde. Für den leitenden Minister seit dem Frühjahr 1870, den Grafen Otto Bray-Steinburg, und den Kriegsminister von Pranckh war dies fraglos klar. Auf Antrag der Minister befahl König Ludwig II. (1864–1886) die Mobilmachung, die sich aus der Anerkennung des *Casus foederis* von 1866 ergab. Bayerische Truppen fochten unter schweren Verlusten, aber siegreich mit den anderen deutschen Aufgeboten in Frankreich. Seit der gewonnenen Schlacht von Sedan (1. September 1870) war die nationale Begeisterung allgemein groß. Die bayerisch-konservative Opposition in der Abgeordnetenkammer des Landtags, die den Kriegskrediten im Juli 1870 nicht zugestimmt hatte, war widerlegt.

Noch während die Waffen sprachen, verhandelte Bismarck in Versailles mit den Ministern der süddeutschen Staaten, allen voran mit Bayerns Vertretern, über deren Beitritt zum Norddeutschen Bund. In den „November-Verträgen" schloß sich das Königreich Bayern dem Verfassungsbündnis unter Führung Preußens an, erhielt einige Sonderrechte („Reservatrechte"), welche die anderen Bundesmitglieder nicht hatten, und verzichtete auf die Ausübung entscheidender Souveränitätsrechte. Am Zustandekommen des Reiches unter dem preußischen König, dem deutschen Kaiser Wilhelm I., hatte

Bayerns König Ludwig II. persönlichen Anteil durch den „Kaiserbrief" an seinen preußischen Standesgenossen, dem er namens der Fürsten des Reiches Würde, Amt und Titel des Reichsoberhauptes antrug. Daß ihm danach größere Zahlungen Bismarcks zuflossen, gereicht dem bayerischen Königtum nicht zur Ehre. Der Stimmung weiter Kreise des bayerischen Volkes widersprach der Inhalt des königlichen Schreibens allerdings nicht. Die Patriotenpartei im Landtag, welche die Annahme des Verfassungswerkes verhindern wollte, erhielt keine Mehrheit. Aber „Finis Bavariae", wie es der Patrioten-Vorsitzende Edmund Jörg im Landtag formulierte, bedeutete die Verfassung des Deutschen Reiches nicht. Bayern war – und ist – eben nicht nur ein Verfassungsbegriff.

Das Königreich im Deutschen Reich. Die wichtigsten Gesetzgebungskompetenzen im Straf- und Zivilrecht, über die Gerichtsverfassung und für die Ordnung des Wirtschafts- und Sozialwesens kamen nun dem Reichstag zu, die Leitung der Außen- und Militärpolitik dem Reichskanzler und den entsprechenden Berliner Instanzen. Wichtige Bereiche, die weiter nach bayerischen Normen geregelt blieben, waren das Heimat- und Niederlassungsrecht – seit 1912 den reichsgesetzlichen Vorschriften unterworfen –, verschiedene steuerrechtliche Vorschriften sowie die Verwaltung von Eisenbahn, Post und Telegraphen; außerdem war Bayerns König der oberste Kriegsherr des bayerischen Militärs, selbst der Truppen, die im Kriegsfall ausrückten und damit dem Oberbefehl des Kaisers unterstellt waren – was von 1914 bis 1918 der Fall war. Bayerische Domäne blieb auch die allgemeine Staats- und Kommunalverwaltung, was sich besonders auf kulturellem Gebiet auswirkte. Universitäten und Schulen, die Kunst- und Kulturförderung und das Staatskirchenrecht (wichtig in der Zeit des Kulturkampfes zwischen 1871 und 1890) blieben ausschließlich bayerische Sache. Unverkennbar ist, daß in den Jahrzehnten nach 1871 die Vereinheitlichung von Gesetzgebung, Justiz und Verwaltung innerhalb der im Grunde immer noch souveränen Staaten des Reiches sehr große Fortschritte machte und daß der Graben gegenüber Österreich, der früheren Führungsmacht im Deutschen Bund, immer tiefer wurde. Die Souveränität des Reiches war im Bundesrat dargestellt; dorthin entsandte auch Bayern wie die anderen Staaten des Reiches seine Vertreter. Hier dominierte eindeutig der Reichskanzler, gleichzeitig preußischer Ministerpräsident.

Bayerns Innenpolitik nach der Reichsgründung prägten die Auseinandersetzungen zwischen der Regierung und der Abgeordnetenkammer des Landtags. Die Minister wurden vom König allein ernannt, wie dies dem verfassungsmäßigen Prinzip vom Monarchen als dem höchsten Repräsentanten des Staates entsprach. Unter den staatspolitisch konservativ, aber weltanschaulich und kirchenpolitisch liberal eingestellten Ministern besaß der Kultusminister Johann von Lutz (1870–1890, seit 1880 auch Vorsitzender im Ministerrat) das stärkste politisch-administrative Durchsetzungsvermögen. Er hatte das Vertrauen des Königs und des höchst einflußreichen Kabinettssekretariats, war reichstreu eingestellt und fand Bismarcks Unterstützung.

Im Landtag, in dem seit den 1860er Jahren die Formierung der Fraktionen nach politisch-weltanschaulichen Grundsätzen zu Parteien starke Fortschritte gemacht hatte, dominierten die katholisch-konservativen Patrioten, die 1884 eine enge Verbindung mit der im Reich dieselben Ziele verfolgenden Zentrumspartei eingingen. Die Patriotenpartei, später bayerisches Zentrum genannt, fand besonders in den altbayerischen und in den katholischen fränkischen und schwäbischen Landesteilen Unterstützung. Die andere große Gruppe in der Abgeordnetenkammer bildeten die Liberalen: Sie stimmten meist im Sinne der Regierungsvorlagen ab. „Liberal" wählten weite Kreise des städtischen Besitz- und Bildungsbürgertums und die protestantischen Gebiete in Franken und in der Pfalz. Die sozialdemokratische Partei formierte sich als parlamentarische Fraktion nach der Aufhebung des Sozialistengesetzes (1890); während seiner Geltung (1878–1890) hielten die Sozialdemokraten in vielen örtlich organisierten Arbeiterbildungs-, Turn- und Konsumvereinen zusammen, so daß sie als erste Partei eine straffe Organisation aufbauen konnten. Eine Abspaltung der konservativen Partei war seit 1894 der Bauernbund, der in antiklerikaler Agitation die Interessen der ländlichen Bevölkerung vertrat.

König Ludwig II., achtzehnjährig 1864 auf den Thron gekommen, bemühte sich, die verfassungsmäßigen Aufgaben des Königtums wahrzunehmen. Sein Hauptinteresse galt jedoch zunächst der Förderung des Musiktheaters Richard Wagners und dann der Realisierung großer Bauvorhaben, was ihm in seinen späteren Jahren in leidenschaftlicher Weise zur „Hauptlebensfreude" wurde. Die allein für ihn selbst bestimmten aufwendigen Schloßbauten im bayerischen Oberland (Linderhof, Neuschwanstein, Herrenchiemsee) und die Umbauten in der Münchener Residenz strapazierten die dem König aus der sogenannten Zivilliste und aus eigenem Vermögen zur Verfügung stehenden Mittel so stark, daß die Kabinettskasse seit 1877 zunehmend in Schulden geriet und schließlich deren Zahlungsunfähigkeit drohte. Die Wendung der Misere aus direkten Staatsmitteln hätte die Einschaltung des Landtags erfordert, aber dies wollte das Ministerium nicht, weil es darin eine Gefährdung des monarchischen Prinzips sah.

Zudem zeigte Ludwig II. gegen Ende der 1870er Jahre immer weniger Interesse und Bereitschaft, sich den eigentlichen politischen Fragen, die die Zeit dem König stellte, zu widmen. Seine Abneigung, mit anderen Personen, auch den Ministern, Umgang zu pflegen, steigerte sich und nahm bisweilen groteske Formen an. All dies brachte den Ministerrat, vor allem Kultusminister von Lutz, zur Überzeugung, daß der König psychisch krank sein müsse. Der führende Psychiater der Zeit, Bernhard von Gudden, und bayerische Fachkollegen gaben ein ärztliches Gutachten ab, daß Ludwig unheilbar krank und dadurch an der Ausübung der Regierung gehindert sei. Im Einvernehmen mit dem nachfolgeberechtigten Agnaten, dem Prinzen Luitpold (Onkel des Königs), stellte das Ministerium die Regierungsunfähigkeit des entmündigten Königs fest. Luitpold übernahm die Regentschaft für Ludwigs Bruder Otto, der die rechtmäßige Nachfolge selbst wegen Krankheit nicht antreten konnte. Die für Ludwig angeordnete psychiatrische Behandlung endete nach wenigen Tagen mit seinem Tod im Starnberger See nahe Schloß Berg. Volk und Landtag wurden die Ereignisse offiziell mitgeteilt, Prinz Luitpold leistete den Eid als Regent, als Verweser des Königreichs (28. Juni 1886).

Luitpold, dem Prinzregenten, wie er volkstümlich genannt wurde, und seiner Umgebung gelang es, die kritische Situation des Königtums zu stabilisieren. Dabei unternahm er nichts, die Regentenposition in die volle Königswürde zu überführen, wie dies vielfach in der Öffentlichkeit gefordert wurde. Erst nach seinem Tod (1912) erklärte sein Sohn und Nachfolger Ludwig III. die Regentschaft für beendet. Er wurde dadurch mit Zustimmung des Landtags König (1913). Der regierungsunfähige König Otto starb 1916.

Regentschaft und Erster Weltkrieg. Die Zeit der Regentschaft galt für weite Kreise der bürgerlichen Gesellschaft als eine sozial ausgeglichene Epoche. Für den größeren Teil der bäuerlichen Bevölkerung trifft das auch zu. Erhebliche Probleme taten sich jedoch für die städtische Arbeiterschaft auf, deren Anteil an der Gesamtbevölkerung wuchs, verstärkt durch den Zuzug von Industriearbeitern aus Landgemeinden. An den Einwohnerzahlen der Großstädte läßt sich dies deutlich ablesen: München erreichte 1912 600 000 Einwohner, Nürnberg über 300 000 Einwohner. Auch die Entwicklung der Gewerkschaften seit 1894, gegliedert nach Branchen und Parteirichtungen in christliche, sozialistische und liberale Gruppierungen, und der Sozialdemokratischen Partei spricht hier eine klare Sprache: Die bayerischen Sozialisten, die unter dem Vorsitz Georg von Vollmars überwiegend der revisionistischen Linie der Gesamtpartei folgten, wurden im Landtag zur drittstärksten Fraktion nach Zentrum und Liberaler Vereinigung. In der Zusammenarbeit mit dem ebenfalls gegen die Regierung stehenden Zentrum erreichte sie die große Wahlrechtsreform von 1904 und 1906, wonach im Landtag und in den größeren Gemeinden das fortschrittliche gleiche, geheime und direkte Wahlrecht eingeführt wurde, das schon bisher für die Wahl zum Reichstag gegolten hatte. Damit begann der Niedergang des politischen Liberalismus.

Das Königreich war zwar weiterhin ein souveräner Staat mit eigener Verfassung, dem König als Staatsoberhaupt und dem von ihm bestimmten Ministerium. Impulse für die dem Reich vorbehaltene Außen- und Militärpolitik gingen von München aber kaum aus, auch nicht, als mit dem Vorsitzenden der Zentrums-Partei im Reich und prominenten Reichstagsabgeordneten, dem Münchener Philosophie-Professor Georg Graf von Hertling, ein versierter Politiker vom Prinzregenten zum Vorsitzenden im bayerischen Ministerrat ernannt wurde.

Bayern und die anderen Länder im Reich setzten der preußisch dominierten und vom persönlichen Regiment Wilhelms II. dirigierten Politik nichts Eigenständiges entgegen. Gesellschaft und staatliche Einrichtungen, Gesetzgebung, Justiz und Verwaltungsvollzug, Wirtschaftsbetriebe und Verkehrsverbindungen wuchsen im Reich und seinen Teilen zusammen. Dabei war München, wie auch die anderen süddeutschen Hauptstädte, ein kultureller Schwerpunkt besonderer Art, auch gegenüber Berlin. Die Gesinnung der Bevölkerung gegenüber Kaiser und Reich, gegen König und Staat, gegen Land und Nation war im zweiten Jahrzehnt des 20. Jahrhunderts von Ostpreußen oder Ostfriesland bis zum Chiemgau und Schwarzwald ähnlich.

Das zeigte sich 1914: Die nationale Bewegung ging durch das ganze bayerische Volk. Als am 1. August 1914 die Mobilmachung verkündet wurde, war die Kriegsbegeisterung hier nicht geringer als im übrigen Deutschland. Die ausrückenden bayerischen Divisionen und Regimenter traten unter den Befehl der Obersten Heeresleitung und kämpften auf allen Kriegsschauplätzen mit Truppenteilen aus den anderen deutschen Staaten und aus Österreich. Über 900 000 Bayern standen unter den Waffen, 178 000 fielen, über 400 000 wurden verwundet. In der Heimat regierte die zentral gesteuerte Kriegswirtschaft, die nicht zuletzt große Mengen an Kriegsmaterial produzierte. Die Versorgung der heimischen Bevölkerung verschlechterte sich zunehmend, die Landwirtschaft litt unter Mangel an Arbeitskräften, Zugvieh, künstlichem Dünger und Treibstoff. Die in den Führungskreisen stattfindende Kriegszieldiskussion berührte die Masse des Volkes wenig, so daß die allgemeine Kriegsmüdigkeit wuchs, besonders stark nach dem Hungerwinter 1916/17.

Im Herbst 1918 zeigte die Agitation der Unabhängigen Sozialdemokraten, die sich 1917 von den staatstragenden Mehrheitssozialisten getrennt hatten, Wirkung, während die Versuche der Regierung, zusammen mit den Liberalen und Mehrheitssozialdemokraten eine Verfassungsreform auf den Weg zu bringen (Oktober/Anfang November 1918), deren wichtigster Inhalt die Parlamentarisierung der Regierung gewesen wäre, vergeblich blieben. Aus einer Friedensdemonstration in München am 7. November 1918 entwickelte sich unter Führung Kurt Eisners, des Vorsitzenden der Münchener Unabhängigen Sozialdemokraten, die Revolution in Bayern, der sich das Bürgertum nicht entgegenstellte. Die Regierung sah keine Möglichkeit, die Umsturzbewegung gewaltsam zu unterdrücken. Innen- und Kriegsminister konnten dem König nur raten, die Hauptstadt zu verlassen, weil seine persönliche Sicherheit nicht mehr gewährleistet sei. Wenige Tage später, am 13. November 1918, entband Ludwig III. Beamtenschaft und Militär von dem ihm geleisteten Treueid, wodurch die weitere Arbeit der Behörden zum Nutzen der Bevölkerung ermöglicht werden sollte. „Ohne Blutvergießen, aber auch unrühmlich ging die Monarchie in Bayern zu Ende" (Dieter Albrecht).

2. Kultur-, Sozial- und Wirtschaftsleben in der Zeit der Monarchie

Wissenschaft und Kunst. Die politischen Turbulenzen, mit denen das 19. Jahrhundert begann, waren wenig geeignet, bedeutende Kunst- und Wissenschaftsleistungen zu begünstigen. Die großen Aufträge hatten die Bischofshöfe und die Klöster erteilt; Mitglieder der Klosterkonvente waren die führenden Köpfe in Theologie, Geschichte und Naturwissenschaften. Die Klostersäkularisierung und die Mediatisierung der Hochstifte beseitigte diese Grundstrukturen geistiger und künstlerischer Arbeit. Die Bibliotheken und Archive, die Sammlungen – Gemälde und wissenschaftlichen Instrumente – eignete sich der Staat an und brachte das Beste in zentrale Sammelstellen, meist in der Landeshauptstadt, unter, soweit es nicht verschleudert oder veruntreut wurde.

Die Universitäten der geistlichen Staaten in Bamberg und Dillingen und die reichsstädtische Nürnberger hohe Schule in Altdorf wurden aufgehoben. Bestehen blieben die Landesuniversität, 1800 von Ingolstadt nach Landshut verlegt, und die Universitäten in Erlangen und Würzburg. Die großen Gemäldesammlungen der Wittelsbacher wurden in München zusammengeführt und bald auch der Öffentlichkeit zugänglich gemacht. Organisatorisch geschah einiges zur Hebung der Volksbildung durch die Deklarierung der allgemeinen Schulpflicht und die Reglementierung der Lehrerbildung.

Mit der Öffnung der mittelalterlichen Baulinien, die immer noch das Ortsbild der meisten Städte bestimmten, zeichneten sich neue Akzente im Städtebau ab, besonders in der Landeshauptstadt. Die hier vorhandenen Ansätze in der sogenannten Maxvorstadt und um den Odeonsplatz entwickelte Ludwig I. weiter mit der Ludwigstraße, der Gestaltung des Königsplatzes samt den bedeutenden Museumsbauten der Glyptothek, der Alten und später der Neuen Pinakothek. Die wichtigsten Architekten waren hierbei Leo von Klenze und Friedrich von Gärtner, die in verschiedenen Ausformungen dem Klassizismus in München Gestalt verliehen. Ludwig I. tat viel für die Pflege der Kunstsammlungen seines Hauses, so verdankt ihm die Sammlung der antiken Plastik die wichtigsten Impulse.

Mit dem Neubau an der Ludwigstraße in München gab Ludwig der auf seine Verfügung von Landshut hierher verlegten Universität (1826) die Basis für die weitere Wissenschaftsentwicklung, auf die er nachhaltigen Einfluß nahm, besonders bei der Berufung von Professoren. In der Kulturpolitik König

Maximilians II. war die Förderung der Geistes- und Naturwissenschaften vorrangig. Mit der Berufung der Ranke-Schüler Heinrich von Sybel, Wilhelm von Giesebrecht und Adolf Cornelius nach München verhalf er der historisch-kritischen Methode in der Geschichtswissenschaft in Deutschland zum Durchbruch. Der Chemiker Justus von Liebig und der Hygieniker Max von Pettenkofer, während der Regierungszeit Maximilians II. nach München gekommen, brachten die naturwissenschaftliche und medizinische Forschung und Lehre zu nationalem und internationalem Ansehen. Die Interessen des Königs galten ebenso der Literatur: Schriftstellern und Dichtern setzte er Arbeitsstipendien aus (Emanuel Geibel, Paul Heyse, Friedrich Bodenstett u. a.).

Die Entwicklung der Universitäten schritt in der zweiten Hälfte des 19. Jahrhunderts rasch voran. Die Einrichtung von Seminaren in den geisteswissenschaftlichen und von Laboratorien in den naturwissenschaftlichen Fächern sowie der Aus- und Neubau von Universitätskliniken in den medizinischen Fakultäten konnte nicht mehr allein aus den eigenen Stiftungsvermögen und dem Einkommen der Universitäten finanziert werden. Hier trat der Staat ein und stellte über den Unterrichts- und Kultusetat jährlich hohe Beträge als Zuschüsse für den Universitätsbetrieb zur Verfügung. Die 1868 eröffnete Technische Hochschule in München wurde von Anfang an aus Staatsmitteln unterhalten und erreichte 1901 die volle akademische Gleichberechtigung mit den Universitäten.

Von den 1890er Jahren bis zum Ersten Weltkrieg war München eines der wichtigsten deutschen Wissenschafts-, Kunst- und Literaturzentren. Einheimische wie Zugezogene, gesellschaftlich Angepaßte wie progressive Neuerer prägten das geistig-kulturelle Leben: Berühmte Naturwissenschaftler (wie Wilhelm Conrad Röntgen, Adolf von Baeyer oder Arnold Sommerfeld), Literaten (Henrik Ibsen, Stefan George, Thomas Mann), Maler (Franz von Lenbach, Wilhelm Leibl, Franz von Stuck, Max Slevogt, Wassily Kandinsky) lebten in München und seinem Umland.

Im musikalischen Leben, besonders der Oper, war München zur Zeit Ludwigs II. eng mit Richard Wagners Werk verbunden. Seit sich der „Meister" 1872 in Bayreuth niedergelassen hatte, entstand dort auf dem „Grünen Hügel" das Festspielhaus für Wagners „authentische" Aufführungen. Doch kamen auch in dem 1901 fertiggestellten Prinzregententheater in München und im Residenz- und im Nationaltheater bedeutende Inszenierungen auf die Bühne.

Die Kirchen und Religionsgemeinschaften. Die christlichen Kirchen prägten noch im 19. Jahrhundert in starkem Maß Leben und Lebensformen der Bevölkerung. Zwei Drittel der Bewohner Bayerns gehörten zur römisch-katholischen Konfession, knapp ein Drittel hielt sich zum reformatorischen Bekenntnis, überwiegend dem lutherischen, zum geringeren Teil (besonders im Pfälzer Landesteil) dem reformierten Unionskatechismus folgend. Die christlichen Sekten und nach 1891 die Altkatholiken sowie die Juden spielten zahlenmäßig keine große Rolle. Die große Errungenschaft des frühen 19. Jahrhunderts war die Parität der christlichen Konfessionen, womit die bis dahin im Grundsatz geltende Übereinstimmung von Landeszugehörigkeit und Konfessionsstatus aufgehoben war. Die Juden erlangten in einer kompliziert verlaufenen Entwicklung die bürgerliche Gleichstellung mit den Christen, die in den 1860er Jahren vollzogen war.

Die beiden großen Konfessionen waren „staatsnah". Der Staat hatte 1803/06 große Besitzungen der katholischen Kirche säkularisiert, sich im Konkordat mit dem Hl. Stuhl (1817) zu gewissen Entschädigungen verpflichtet und dafür erheblichen Einfluß auf die Besetzung kirchlicher Stellen gewonnen. Die protestantischen Kirchen wurden unter dem königlichen Summepiskopat zusammengefaßt und bildeten eine auf das Gebiet des Königreichs bezogene Staats- und Landeskirche. Grundsätzlich liefen die kirchlichen und staatlichen Interessen zur Erhaltung der bestehenden gesellschaftlichen Ordnung und der allgemeinen Sozialstruktur parallel, auch wenn es im Vormärz große Spannungen zwischen dem König und den protestantischen Untertanen und im „Kulturkampf" zwischen 1870 und 1890 starke Auseinandersetzungen zwischen der Staatsregierung, dem katholischen Episkopat und den sich formierenden Kräften des politischen Katholizismus gab. Im Landtag hatten seit den 1860er Jahren die katholisch-konservativen Kräfte die Mehrheit, mit denen sich die zunächst von liberalen Ministern geführte Regierung immer mehr arrangierte. 1912 wurde schließlich der Vorsitzende der katholischen Zentrumspartei in Bayern, Georg Graf von Hertling, mit der Regierungsbildung beauftragt.

Nach dem Untergang der Monarchie war das Verhältnis zwischen Staat und Kirche völlig neu zu ordnen. Dies geschah im Konkordat mit der katholischen Kirche und den Verträgen mit den evangelischen Kirchen (1924), wodurch die verfassungsmäßig geforderte Trennung von Staat und Kirche weitgehend vollzogen war.

Wirtschafts- und Sozialstruktur. Der wichtigste Wirtschaftsbereich auch noch im 19. Jahrhundert war die Landwirtschaft, von der um 1800 mehr als dreiviertel, um 1900 immerhin noch ein Viertel der Bevölkerung lebten. Es dominierten die mittel- und kleinbäuerlichen Familienbetriebe, Großgrundbesitz spielte eine nur geringe Rolle. Nachdem in der Säkularisation der Staat die Klostergüter eingezogen hatte, war der Fiskus der größte Grundbesitzer. Die meisten Bauern mußten Grundherrschaftsabgaben zahlen, bis sie 1848 freie Eigentümer ihrer nunmehr mit Bodenzinsen belasteten Anwesen wurden. Die Bauern tilgten diese Bodenzinse, wobei sie erhebliche Zuschüsse aus Steuergeldern erhielten. In der Bewirtschaftung setzten sich bis gegen Ende des Jahrhunderts allmählich die Erkenntnisse und Erfahrungen der Agrikulturchemie, der systematischen Pflanzen- und Viehzucht und der Landtechnik durch. Auch hier unterstützte die öffentliche Hand den Bauernstand nachhaltig.

Das produzierende Gewerbe auf dem Land, in den ländlich strukturierten Märkten und kleineren Städten und in den wenigen größeren Städten war zunächst weit überwiegend handwerklich organisiert und zunftähnlich konzessioniert. An wenigen Orten gab es manufakturartige größere Betriebe, die auch Kraftmaschinen einsetzten, so in der Augsburger Textilproduktion, in der oberfränkischen Porzellan- und Keramikherstellung, in Maschinenbaubetrieben in München, Nürnberg oder Würzburg und in der chemischen Industrie in Ludwigshafen am Rhein. Größte wirtschaftliche Bedeutung hatte der Eisenbahnbau und -betrieb, der 1835 in Nürnberg begann, bis in die 1860er Jahre die großen Nord-Süd- und Ost-West-Verbindungen herstellte und dann bis zum Ersten Weltkrieg das ganze Land mit einem dichten Netz von Lokal- und Vizinalbahnen erschloß.

Der Vertrag über den Deutschen Zollverein (1833) öffnete für die Staaten des Deutschen Bundes mit Ausnahme Österreichs ein großes gemeinsames Wirtschaftsgebiet. Immer wieder verlängert und von Preußen als Instrument für den Ausschluß Österreichs verwendet, überdauerte der Zollverein den Krieg von 1866 und wurde mit seiner wirtschaftspolitischen Integrationswirkung zu einem wichtigen Schrittmacher der kleindeutschen Nationalstaatslösung von 1870/71. Die industrielle Entwicklung Bayerns setzte allerdings später und viel zögernder ein als in den preußischen West- und Ostprovinzen, wo die wichtige Rohstoffbasis von Kohle und Eisen vorhanden war. Immerhin hatten aber bis zum Ersten Weltkrieg einige Werke der elektrischen und chemischen Industrie, des Maschinen- und Motorenbaues weit über Deutschland hinaus reichende Bedeutung erlangt.

Wie in den anderen deutschen Ländern wanderten im Laufe des 19. Jahrhunderts zahlreiche Landbewohner in die Großstädte (München und Nürnberg) und in die zahlreichen größeren Mittelstädte (Augsburg, Regensburg, Würzburg, Ludwigshafen). Vielfach blieben die Verbindungen zu den ländlichen Herkunftsgebieten bestehen. Die Auswanderung in europäische oder überseeische Länder spielte nur in manchen Gebieten (z. B. in der Pfalz) eine zahlenmäßig ins Gewicht fallende Rolle.

Die Führungsfunktionen im öffentlichen Leben wuchsen zunehmend Angehörigen des städtischen Besitz- und Bildungs-

bürgertums zu, die von den viel besseren Ausbildungsmöglich-
keiten in den Städten profitierten. Die Standesqualität „Adel"
allein genügte immer weniger als Voraussetzung für höhere
Positionen in der Staatsverwaltung und beim Militär, wenn-
gleich der Zugang zur einflußreichen Hofgesellschaft um den
Landesherrn durch ein Adelsprädikat sehr erleichtert wurde.
Bürgerliche und auch bäuerliche Aufsteiger im Staats- und
Kirchendienst erlangten bis zum Ende der Monarchie häufig
Adelsrang und -prädikat.

3. Der erste Freistaat 1918 bis 1934

Revolution, Räterepublik und demokratische Verfassung.
Ausgangspunkt der Revolution im November 1918 war die
von den sozialistischen Parteien am 7. November organisierte
Friedensdemonstration in München, die großen Zulauf fand,
weil die militärische Lage hoffnungslos und die Situation in
der Heimat höchst prekär war. Nach der Kundgebung sammelten Kurt Eisner und Ludwig Gandorfer radikal eingestellte
Unabhängige Sozialdemokraten, Bauernbündler und dienst-
unwillige Soldaten um sich und konstituierten in einer großen
Bierwirtschaft einen Arbeiter- und Soldatenrat. Das Landtags-
gebäude wurde besetzt. Eisner erklärte vor der Rätever-
sammlung, der König sei abgesetzt und Bayern fortan ein
„freier Volksstaat".

Auf Rat seiner Minister verließ der König die Landeshauptstadt, entband wenig später die Beamten vom Diensteid, damit sie mit der neuen Regierung zusammenarbeiten könnten.
Ministerpräsident wurde Kurt Eisner, Schlüsselpositionen im
Ministerrat übernahmen die Mehrheitssozialisten Erhard Auer
(Innenministerium), Johannes Hoffmann (Kultus), Albert Roß-
haupter (Militär) und Johannes Timm (Justiz). Die Ministerien, Kreisregierungen, Bezirksämter und andere Behörden
sowie die Gerichte arbeiteten weiter, um das drohende Chaos
abzuwenden. Als die größten Probleme waren die Lebensmittelversorgung der städtischen Bevölkerung, die Umstellung
der industriellen und gewerblichen Betriebe von der Kriegs-

auf die Nachkriegswirtschaft und die Auflösung des Heeres sowie die schwierige Eingliederung der entlassenen Soldaten einigermaßen zu lösen.

Die von Eisner und seinen Parteifreunden favorisierte Räteorganisation kam nicht zum Tragen. Mit der Ausschreibung von Landtagswahlen zum 12. Januar 1919 war schon eine wichtige erste Entscheidung getroffen, den „Volksstaat (später: Freistaat) Bayern" nach den Regeln der repräsentativen Demokratie zu bilden. Die nach dem Verhältniswahlrecht mit Stimmrecht der Frauen durchgeführten Wahlen brachten den Mehrheitssozialisten ein Drittel der Mandate (61), der inzwischen (Dezember/Januar 1918/19) neu organisierten katholisch-konservativen Bayerischen Volkspartei 66 Abgeordnetensitze, den rechten und linken Liberalen zusammen 34 und dem Bauernbund 16 Vertreter – Eisners Partei der Unabhängigen Sozialisten landete weit abgeschlagen auf dem letzten Platz (3 Mandate). Am Tag der Landtagseröffnung (21. Februar 1919) fiel Eisner auf dem Weg zum Parlament einem Mordanschlag zum Opfer; Auer, der Vorsitzende der Mehrheitssozialisten, wurde bei einem Pistolenattentat schwer verletzt.

In den folgenden Wochen herrschten in der Landeshauptstadt chaotische Verhältnisse. Die noch vom Landtag autorisierte Regierung unter dem Mehrheitssozialisten Johannes Hoffmann konnte sich hier nicht durchsetzen. Sie zog sich nach Bamberg zurück, wohin ihr auch zahlreiche Landtagsabgeordnete folgten. In München versuchten linksstehende Sozialisten, Spartakisten und Kommunisten in mehreren Anläufen, zentrale Einrichtungen einer Räterepublik nach russischem oder ungarischem Vorbild zu installieren. Dies scheiterte und die mit terroristischen Mitteln arbeitende kommunistische Räterepublik wurde schließlich in den ersten Maitagen 1919 durch die von der Regierung Hoffmann gerufenen Truppen aus Preußen und Württemberg, unterstützt von bayerischen Freikorps, niedergeworfen. Auf beiden Seiten gab es zahlreiche Tote und Verletzte, der „weiße Terror" stand dem „roten Terror" nicht viel nach. Nach der gewaltsamen Befriedung der Landeshauptstadt bildete Hoffmann (MSPD) eine Koalitionsregierung mit Ministern seiner Partei, der Bayerischen Volkspartei und der linksliberalen Deutschen Demokratischen Partei. Der Landtag (gewählt am 12. Januar) trat ebenfalls in Bamberg zusammen und beriet den von der Regierung vorgelegten Verfassungsentwurf.

Der politische Entscheidungsrahmen und die Möglichkeiten der eigenstaatlichen Gesetz- und Verfassungsgebung standen völlig unter dem Eindruck der Vorgänge in Weimar. Dort hatte sich die verfassunggebende Nationalversammlung konstituiert. Sie nahm die Beratungen zu einer Zeit auf, in der Bayern durch die inneren Unruhen nahezu handlungsunfähig war und kaum Einfluß auf die Verfassungsgestaltung nehmen konnte. Die föderalistische Komponente der Reichsverfassung kam daher nicht zum Tragen. Das unitarische System des Reiches unter Führung des größten Landes, Preußen, dominierte. Ein Grund dafür lag in den gemeinsamen Erfahrungen der Deutschen während des Krieges und angesichts der Kriegsfolgen, ein zweiter darin, daß nun nicht mehr ein Bündnis der Staaten (wie 1870) das Reich konstituierte, sondern der Beschluß der Nationalversammlung auf der Grundlage der Volkssouveränität der Nation. Die am 12. August 1919 in Kraft gesetzte „Weimarer Verfassung" gab den jetzt als Länder bezeichneten früheren Bundesstaaten die Staatsform vor (parlamentarische Demokratie), reduzierte deren eigenstaatliche Gesetzgebungskompetenz entscheidend, machte sie finanziell völlig vom Reich abhängig und beseitigte die aus der Bismarckschen Verfassung stammenden Sonderrechte. Sie beließ den Ländern aber die eigenständige Verwaltungskompetenz, besonders auf dem Gebiet der inneren Verwaltung, der Justiz sowie von Wissenschaft und Unterricht.

Mit der „Bamberger Verfassung" vom 14. August 1919 dokumentierte Bayern seine Eigenstaatlichkeit im Rahmen des Deutschen Reiches. Der von allen mindestens zwanzig Jahre alten Staatsangehörigen gewählte Landtag repräsentierte die vom Volk ausgehende Staatsgewalt. Der Landtag bestellte den Ministerpräsidenten und das Gesamtministerium, kontrollierte über das Haushaltsrecht die Arbeit der Regierung und übte die dem Land verbliebene Gesetzgebung aus. Die Rechtspflege oblag – wie bisher schon – unabhängigen Richtern. Die früher dem König zugekommenen Rechte wurden künftig vom Parlament oder der Staatsregierung wahrgenommen oder sie gingen unter, wie der Summepiskopat über die lutherische und reformierte Kirche. Die seit 1818 bestehende Abgeordnetenkammer des alten Landtags war jetzt, nachdem die Reichsrätekammer mit den Adelsvorrechten beseitigt worden war, das oberste Staatsorgan. Die an den politischen Parteien orientierte, seit den 1860er Jahren gewachsene Struktur des Landtags blieb im Grunde erhalten, ebenso die Art der Verhandlungsführung.

Die politischen Parteien. Wie schon in der Abgeordnetenkammer zur Zeit der Monarchie bestimmten auch im neuen Landtag die politischen Parteien die Meinungsbildung. Die wichtigsten Gruppierungen waren die Parteien der „Weimarer Koalition", die Sozialdemokraten, die Bayerische Volkspartei und die Deutsche Demokratische Partei. Die Unabhängigen Sozialisten, die mit ihrem führenden Kopf Kurt Eisner den Umsturz in Gang gesetzt hatten, waren bei der Wahl im Januar 1919 mit 2,5 Prozent der Stimmen erfolglos geblieben. Nach der Wahl von 1920 konnten sie zwar eine Fraktion von 20 Abgeordneten (13% der Stimmen) bilden, lösten sich aber bald auf, weil ein Teil der Anhänger zu den Kommunisten, der andere zu den Sozialdemokraten tendierte. Die Sozialdemokraten, die mit dem Ministerpräsidenten Johannes Hoffmann 1919 die Umsturzphase konsolidiert und beendet hatten, schieden 1920 aus der Regierung aus. Bis 1933 ging ihre ursprünglich 61 Personen starke Fraktion im Landtag auf 17 Mitglieder zurück.

Ziemlich erfolglos waren die liberalen Parteien; einige ihrer Anhänger wanderten zur rechtsstehenden Mittelpartei (später Deutschnationale Volkspartei) ab. Die stärkste politische Kraft stellte die konservative, katholische Bayerische Volkspartei, die sich kurz nach der Revolution vom Reichszentrum getrennt hatte. Sie bestimmte die politische Richtung und stellte seit 1924 mit ihrem Vorsitzenden Heinrich Held, der schon seit 1912 als Zentrumsabgeordneter im Landtag saß, den bayerischen Ministerpräsidenten. Zwischen 1920 und 1924 hatten sich die führenden Persönlichkeiten der Bayerischen Volkspartei nicht entschließen können, stärkere Regierungsverantwortung zu übernehmen. Die Ministerpräsidenten dieser Jahre (von Kahr, Graf Lerchenfeld, von Knilling) hatten schon vor der Revolution als königliche Beamte hohe Staatsämter geführt.

Aus der 1919 gegründeten Deutschen Arbeiterpartei ging im folgenden Jahr die Nationalsozialistische deutsche Arbeiterpartei (NSDAP) hervor; sie vertrat lautstark völkisch-antisemitische, antikapitalistische und antibolschewistische Parolen. Seit 1921 war Adolf Hitler ihr „Führer", der mit nahezu diktatorischen Vollmachten die antiparlamentarische „Bewegung" organisierte. Die „vaterländische" Stimmung im Lande ausnützend, wollte er mit seinen Anhängern durch den Putsch vom 9. November 1923 von Bayern aus im „Marsch auf Berlin" das Reich in seinem Sinne „aufrollen". Das Vorhaben scheiterte an den unzureichenden Mitteln der Partei und an der Haltung der führenden Persönlichkeiten Bayerns, des Generalstaatskommissars von Kahr, des Reichswehrbefehlshabers von Lossow, des Polizeikommandeurs von Seiser und des Ministers Matt. Die Partei wurde verboten.

Als Auffangorganisation beteiligte sich der „Völkische Block" 1924 an den Landtagswahlen und konnte eine Fraktion von 24 Mitgliedern bilden. Hitler, im Hochverratsprozeß zu einer milden Festungshaft verurteilt, täuschte nach der vorzeitigen Entlassung (1925) einen legalistischen Kurs der Mitarbeit im Parlament vor. Die Hauptaktivitäten entfaltete die extrem zentralistische „Hitler-Bewegung" in Nord- und Westdeutschland, um schrittweise die Macht über das Reich und seine Institutionen zu gewinnen. München blieb der Sitz zentraler NS-Dienststellen, aber die hier wirkenden Parteigenossen gehörten zur zweiten oder dritten Garnitur der nationalsozialistischen Führungsgruppe. Nach der Landtagswahl von

1928, die der Partei nur sechs Prozent der Stimmen gebracht hatte, schrumpfte die Fraktion auf neun Mitglieder. Bei der Wahl im kritischen Jahr 1932 erhielt die NSDAP 32 Prozent der Wählerstimmen und 43 Sitze im Landtag.

Die Eigenstaatlichkeit Bayerns. Die Staatsregierung und die hinter ihr stehenden Parteien im Landtag waren in den Jahren der „ersten Republik" bestrebt, die Eigenstaatlichkeit politisch und verfassungsrechtlich darzustellen. Ähnliches hatte schon Kurt Eisner 1918/19 versucht mit seiner Opposition gegen die von den Mehrheitssozialisten Ebert und Scheidemann geführte Berliner Regierung und mit der Veröffentlichung der bayerischen Dokumente zum Kriegsausbruch, womit er die alliierten Kriegsgegner durch vorgebliche Schuldanerkenntnisse milder stimmen wollte. Das blieb Episode, beeinflußte jedoch stark die Stimmung der konservativen Kreise in Bayern gegen „linke Tendenzen".

Nach dem Rücktritt des SPD-Ministerpräsidenten Johannes Hoffmann gerieten die folgenden konservativen Regierungen zunehmend in Gegensatz zur Reichsregierung, so 1921 über der Frage der von den Alliierten verlangten Auflösung der „Einwohnerwehren" – milizartige Verbände, auf die Bayerns Regierung nicht verzichten wollte – oder 1923 beim Vollzug des Republikschutzgesetzes. Die Beendigung der galoppierenden Währungsinflation (seit Winter 1923/24) leitete, zunächst zögernd, eine Phase wirtschaftlicher Konsolidierung und dann einen langsamen Aufschwung ein, was allgemein beruhigend auf das politische Klima wirkte. Allerdings wurde jetzt erst völlig deutlich, daß weite Kreise der Bevölkerung, vor allem die von den Renten ihrer erarbeiteten oder ererbten Kapitalien lebende bürgerliche Mittelschicht ihre Vermögen während der Kriegs- und Nachkriegsjahre zum größten Teil verloren hatten. Mit der Einführung der „Rentenmark" (15. Oktober 1923) und deren Umwandlung in die „Reichsmark" (30. August 1924) waren die zur „Papiermark" gewordenen früheren „Goldmark"-Vermögen entwertet worden. Entsprechend veränderten sich Selbstbewußtsein und politische Haltung großer

Bevölkerungsgruppen und brachten den radikalen Parteien am rechten und linken Flügel Sympathisanten und Wähler.

Vor erhebliche Probleme stellten Bayern seine linksrheinischen Gebiete im Regierungsbezirk Pfalz. Dort waren im November 1918 französische Besatzungstruppen eingerückt. Die westlichen Teile um St. Ingbert und Homburg wurden dem Saargebiet zugeschlagen, das für fünfzehn Jahre unter der Treuhandschaft des Völkerbundes eine französisch dominierte Autonomie genoß. Der bayerische Teil („Saarpfalz") kehrte nach der Volksabstimmung von 1935 nicht mehr zu Bayern zurück, sondern verblieb beim Saarland. In der Pfalz gab es bis 1924 immer wieder Versuche der Separation von Bayern, so besonders während der Besetzung des Ruhrgebietes durch französische Truppen (1923/24). Die Separatisten fanden jedoch keine breite Zustimmung in der Bevölkerung. 1930, nach dem Abzug der Besatzungstruppen, normalisierte sich das Verhältnis der Pfalz zu Bayern wieder; die Münchener Regierung hatte mit verschiedenen Aktionen, besonders auf kulturellem Gebiet, die Pfalz-Bayern-Verbindung gestärkt.

Zuwachs erhielt das bayerische Staatsgebiet 1920 durch den Anschluß des Freistaats Coburg, dem Coburger Landesteil des früheren Herzogtums Coburg-Gotha, dessen Bevölkerung sich in einer Abstimmung für die Verbindung mit Bayern und gegen das Aufgehen im neuen Land Thüringen aussprach.

Bayerns Regierung verfolgte während der Ministerpräsidentschaft Helds eine betont föderalistische Linie gegenüber dem Reich, fand dabei aber wenig Unterstützung in den anderen deutschen Ländern, was u. a. damit zu erklären ist, daß die das öffentliche Leben prägenden politischen Parteien reichsweit unitarisch-zentralistisch organisiert waren und der Bayerischen Volkspartei, die dem Reichszentrum seit der Trennung 1918/19 weiterhin ideologisch verbunden blieb, keine Parallelorganisation in den anderen Ländern entsprach. Die Versuche der bayerischen Staatsregierung, mit Denkschriften und auf dem Verhandlungsweg die Position der Länder, vor allem auf finanziellem Gebiet, zu stärken, blieben erfolglos. Nicht nur die Gesetzgebung über die Steuern und Abgaben zur Staatsfinanzierung war Sache des Reiches, auch der Verwaltungsvollzug wurde von der Reichsfinanzverwaltung durchgeführt. Bayern war wie die anderen Länder völlig von den Zuweisungen aus Berlin abhängig.

Mehr Erfolg hatte der Freistaat mit der Darstellung seiner Eigenstaatlichkeit, als die Staatsregierung daranging, die Beziehungen zu den Kirchen – der römisch-katholischen, der lutherischen und der reformierten Kirche – neu zu ordnen. Die kirchliche Seite war daran nicht weniger interessiert als die staatliche. 1924 schloß die Regierung Held mit der römischen Kurie ein Konkordat, um der staats- und kirchenrechtlichen Entwicklung seit dem Ende der Monarchie Rechnung zu tragen. Die staatliche Mitwirkung bei der Besetzung kirchlicher Ämter wurde beseitigt, der Staat verpflichtete sich weiterhin zu Leistungen für die Kirche und bekannte sich zu den kultur- und schulpolitischen Grundsätzen der römischen Kirche. Die Sozialdemokraten und die „Völkischen" stimmten im Landtag gegen den Staatsvertrag, die konservative Bayerische Volkspartei besaß jedoch die Mehrheit.

In den evangelischen Kirchen – lutherisch in Bayern rechts des Rheins, reformiert-uniert in der Pfälzer Landeskirche – war zur Zeit der Monarchie der König *Summus episcopus,* das Oberhaupt der Kirche gewesen; die Aufgaben hatte er durch die Beamten des Oberkonsistoriums ausüben lassen. Dieses letztlich aus der reformatorischen Entwicklung im 16. und 17. Jahrhundert zu erklärende System konnte nach der Revolution nicht mehr funktionieren. Jetzt übernahmen Landessynoden mit Präsident und Landeskirchenräten die Kirchenleitung, 1921 im rechtsrheinischen Bayern, 1924 in der Pfalz. Der Staat schloß 1924 mit den beiden Kirchen Staatsverträge zur Regelung der beiderseitigen Beziehungen, die den Kirchen ähnliche Rechte gewährten, wie sie die römisch-katholische Kirche im Konkordat garantiert bekommen hatte.

Das Ende der Weimarer Zeit. Der Zulauf, den die Nationalsozialisten in Bayern fanden, wuchs trotz der Turbulenzen und des Staatsstreichs des Jahres 1923. Die nach dem Parteiverbot gebildete Auffangorganisation „Völkischer Block" konnte nach der Wahl von 1924 die nach der BVP zweitstärkste Fraktion im Landtag bilden. Die bisher außerhalb des Parlaments stehende „Fundamental"-Opposition war jetzt in das demokratisch-repräsentative System eingebunden, störte dessen Betrieb jedoch nach Kräften. Hitlers Agitation und die seiner einflußreichen „Mitkämpfer" fand nun vornehmlich außerhalb Bayerns statt. Nach dem Einbruch bei der Landtagswahl von 1928 (nurmehr neun Sitze) steigerten sich in den Krisenjahren seit 1929 die Erfolge der Nationalsozialisten, die 1932 über 32 Prozent der Stimmen erhielten (43 Mandate). Als resistent gegen die NS-Doktrin zeigten sich die mehrheitlich katholischen Gebiete, in denen die katholisch-konservative BVP die besten Wahlergebnisse erzielte, während in den überwiegend protestantischen Wahlkreisen von Mittel- und Oberfranken und in der Pfalz vielfach die NSDAP die meisten Stimmen bekam.

Nicht zu übersehen ist, daß die neuen, radikal vorgetragenen Ziele und Pläne der NS-Partei – autoritäre Führung zur Beseitigung des „Schandvertrags" von Versailles und der Arbeitslosigkeit durch „Brechung der Zinsknechtschaft", Stärkung des Gemeinsinns unter dem Motto „Gemeinnutz geht vor Eigennutz" und des nationalen Ansehens durch Militarisierung des öffentlichen Lebens sowie radikaler Antisemitismus – besonders unter den Angehörigen der jüngeren Generation, vor allem der studentischen Jugend, starken Anklang fanden. Wie überall im Deutschen Reich artikulierte sich auch in Bayern der jugendliche Protest gegen das Überlieferte in der Schlußphase der Weimarer Epoche auf der rechten Seite des Parteienspektrums. In Bayern wie im Reich hatten die parlamentarisch legitimierten politischen Kräfte keine zu energischen Regierungshandlungen befähigende Landtagsmehrheit hinter sich. Seit 1930 stand Ministerpräsident Held (BVP) nurmehr einer Minderheitsregierung vor, weil über der Einführung einer unbedeutenden Verbrauchssteuer („Schlachtsteuer") der bisherige Koalitionspartner Bauernbund sich aus der Verantwortung zurückzog. Die geschäftsführende Regie-

rung stand den wachsenden Schwierigkeiten der Massenarbeitslosigkeit, den radikalen Umtrieben der Extremisten auf
der rechten und linken Seite und der horrenden Staatsver-
schuldung machtlos gegenüber.

4. Bayern zwischen 1933 und 1945

Die „Machtergreifung" fand im Reich statt, als der Führer der
NSDAP, Adolf Hitler, vom Reichspräsidenten zum Reichskanzler berufen wurde und damit ein neues Präsidialkabinett
entstand, das im bisherigen Stil mit Notverordnungen hätte
weiterregieren können. Hitler gelang es jedoch, den Reichstag aufzulösen und bis zum Zusammentreten nach der Neu-
wahl durch zum Teil terroristische Maßnahmen vollendete
Tatsachen in der Verfassungssituation und im Staatsrecht zu
schaffen. Indem er am 23. März 1933 gegen die Stimmen der
Sozialdemokraten ein Ermächtigungsgesetz für die Reichsregierung durchsetzte, besaß er für die Exekutive, in der nun
die NSDAP die maßgebliche Rolle spielte, nahezu unbe-
schränkte Vollmachten.

Im zentralistischen „Führerstaat" hatten autonome Länder
keinen Platz. Die Reichstagswahl vom 5. März 1933 machte
die NSDAP zur stärksten Partei, auch in Bayern: Mit
43,1 Prozent der Stimmen lag ihr Anteil knapp unter dem
Reichsdurchschnitt (43,9%). Bayerische Volkspartei und Zentrum blieben knapp unter 30 Prozent, die Sozialdemokraten
erhielten 15 Prozent der Wählerstimmen. Im Landtag hatten
die demokratischen Parteien, die die BVP-Regierung tole-
rierten, zwar noch die Mehrheit, aber de facto war es nur
eine Frage weniger Tage, bis sich auch in München die „nationale Revolution" durchsetzen würde, wie dies in allen
anderen deutschen Ländern inzwischen der Fall war. Obwohl
der von der Reichsregierung bestellte Reichskommissar, General Franz von Epp, die vollziehende Gewalt übernahm und
NS-Kommissare in die Behörden entsandte, tagte das Kabi-
nett Held noch bis zum 10. März 1933. Erst nach der teilwei-
se durch Straßenterror erzwungenen Abreise Heinrich Helds

übernahmen die Nationalsozialisten mit Epp, Adolf Wagner (Gauleiter von Oberbayern), Ludwig Siebert, Hans Frank, Hans Schemm (Gauleiter der Ostmark) u. a. die Schlüsselpositionen in Bayern.

Politische und weltanschauliche Gegner wurden verfolgt, mißhandelt und verhaftet; am 22. März 1933 übernahm das von Heinrich Himmler, dem neuen Chef der Münchener Polizei, eingerichtete Konzentrationslager Dachau die ersten Gefangenen, zunächst vor allem zum Vollzug der „Schutzhaft", dann zum Festhalten der dem Regime mißliebigen Personen überhaupt. Im ganzen Land schalteten die Nationalsozialisten die örtlichen Funktionsträger der anderen Parteien – speziell in den Rathäusern, Stadt- und Gemeinderäten – und sonst einflußreiche Persönlichkeiten unerwünschter politischer Richtungen aus.

Noch gab es den bayerischen Landtag. Wie die anderen Länderparlamente löste ihn die Reichsregierung auf und ordnete die neue Sitzverteilung entsprechend dem Ergebnis der Reichtagswahl an. Die Landesregierung erhielt, ebenfalls durch Reichsgesetz, Gesetzgebungskompetenzen, wurde aber bald (7. April 1933) der Vormundschaft des Reichsstatthalters unterstellt. Schließlich beseitigte das dritte Gleichschaltungsgesetz vom 30. Januar 1934 die Eigenstaatlichkeit der Länder auch de jure, was de facto schon im vorangegangenen Jahr geschehen war, löste den Landtag auf und überführte die Hoheitsrechte des Landes auf das Reich. Der Freistaat Bayern war ein Verwaltungsbezirk geworden, ähnlich den preußischen Provinzen.

Es gab aber weiterhin einen bayerischen Ministerpräsidenten: Seit dem 12. April 1933 stand der Alt-Parteigenosse Ludwig Siebert an der Spitze Bayerns, beaufsichtigt vom Reichsstatthalter General Ritter von Epp und von der Parteiseite her gesteuert vom Gauleiter des Traditionsgaues München-Oberbayern, Adolf Wagner, seit 1933 Innenminister und seit 1935 als Nachfolger des NS-Kultusministers Hans Schemm auch Inhaber dieses immer noch wichtigen bayerischen Ressorts. Wagner, enger Vertrauter Hitlers, wollte in Bayern als eine Art „Obergauleiter" fungieren. Seit 1934 Hitlers Beauftragter für die Reichsverwaltungsreform, unternahm er nichts, was sein Herrschaftsgebiet, das rechtsrheinische Bayern, geschmälert hätte.

Politik und Verwaltung wurden von Berlin gesteuert, die Justiz war 1935 an das Reich überführt worden. In der Darstellung der Partei und ihrer Ideologie behielten jedoch München ("Hauptstadt der Bewegung") und Nürnberg ("Stadt der Reichsparteitage") erhebliche Bedeutung. Die zentralen Parteistellen (Parteikanzlei, Reichsschatzmeisterei u. a.) hatten und behielten ihren Sitz in München.

Das Volk ertrug die „Gleichschaltung" weithin gelassen. Sie erfaßte in kurzer Zeit alle Lebensgebiete und nahezu alle Bevölkerungsschichten: Die Gewerkschaften und Arbeitgeberverbände wurden in die Deutsche Arbeitsfront, die Studentenverbindungen in den NS-Studentenbund, die Bauernverbände und ländlichen Genossenschaften in den Reichsnährstand, alle „Kulturschaffenden" in die Reichskulturkammer mit ihren Unterabteilungen, die Beamten in den Deutschen Beamtenbund, die Juristen und Lehrer in den NS-Rechtswahrer- und den NS-Lehrerbund überführt; die NS-Volkswohlfahrt übernahm Fürsorgeaufgaben; die Reichswirtschaftskammer überwachte alle Bereiche der industriellen und gewerblichen Wirtschaft, des Handwerks und des Handels, der Banken und Versicherungen. Die Wehrverbände der Partei (SA und SS) und ihre Jugendorganisation (Hitlerjugend) sowie der Reichsarbeitsdienst trugen die nationalsozialistische Indoktrination in weite Kreise der Bevölkerung, betrieben vor- und paramilitärische Ausbildung und Schulung und leisteten damit in hohem Maß der allgemeinen Militarisierung des Volkes Vorschub.

Die der NSDAP angeschlossenen Verbände und die Gliederungen der Partei sowie die Einrichtungen des „Ständischen Aufbaues des Volkes" (vor allem Reichsnährstand, Reichskulturkammer u. a.) waren in höchst komplizierter Weise teils als Körperschaften des öffentlichen Rechts, teils als Vereine organisiert, teils beruhten sie auf gesetzlich geregelter Zwangsmitgliedschaft; in allen galt jedoch das „Führerprinzip"; alle standen unter der strengen Aufsicht und Kontrolle der Partei- und Reichsinstanzen. Dabei kam dem Reichsministerium für Volksaufklärung und Propaganda unter Joseph Goebbels mit den Reichspropagandaämtern – nach den Gauen der Partei gegliedert – besondere Bedeutung für die Überwachung und Steuerung des geistigen und kulturellen Lebens und für die Gleichschaltung der Presse zu.

Die Reichswehr, nach der Einführung der allgemeinen Wehrpflicht (1935) in kurzer Zeit zu einem höchst schlagkräftigen militärischen Instrument ausgebaut, genoß allgemeines Ansehen. Sie war nach der brutalen Zerschlagung der militanten Führungsgruppe der SA um Ernst Röhm 1934 in Wiessee und München die einzige bewaffnete Organisation im NS-Staat. Die Aufrüstung belebte auch in Bayern die alten Garnisonen und schuf neue Truppenstandorte und große Übungsplätze, deren Anlage keine lauten Proteste in der Bevölkerung hervorrief. Die verbreitet positive Einstellung zum Wehr- und Militärwesen gründete in Bayern – und im Reich – in der gesellschaftlichen Situation vor dem Ersten Weltkrieg und in der weit verbreiteten Anschauung, das „Unrecht des Schandvertrags von Versailles" könne nur durch Waffengewalt beseitigt werden. Bei Kriegsbeginn am 1. September 1939 war die Stimmung in Bayern gedrückt, Begeisterung war nicht zu spüren. Unbestritten ist aber auch, daß das Militär dem Befehl des Führers ebenso folgte, wie das Volk in der Heimat bereit war, Mühsal und Gefahren des Krieges auf sich zu nehmen.

Durch die wirtschaftliche Entwicklung der Jahre nach 1933 mit dem Abbau der Massenarbeitslosigkeit, bewirkt durch die großen Straßenbauten in Bayern (Reichsautobahn, Ostmarkstraße, Queralpenstraße u. a.), die großen Baumaßnahmen für Partei- und Wehrmachtsgebäude und Befestigungsanlagen sowie die industrielle Konjunktur durch Rüstungs- und Aufrüstungsaufträge für Militär- und Parteiformationen, wurde die positive Stimmung für die NS-Partei- und Staatsführung ganz wesentlich geprägt und beeinflußt. Die propagandistisch und werbewirksam arrangierten großen Partei- und Staatsaktionen – die Reichsparteitage in Nürnberg, die NS-Gedenk-feiern in München oder die Viermächtekonferenz in München im Herbst 1938 – verfehlten in weiten Kreisen der Bevölkerung ihre Wirkung nicht.

Die diskriminierenden Maßnahmen gegen Regimegegner und insbesondere gegen die Juden wurden wenig oder gar nicht zur Kenntnis genommen, jedenfalls deren unmenschliche Auswirkungen im Bewußtsein verdrängt. Die antisemitischen Aktionen, deren Propagandazentrum die Presse des pathologischen Antisemiten Julius Streicher in Nürnberg war, veranlaßten viele bayerische Juden zur Auswanderung, die einen erheblichen Verlust an geistigen und künstlerischen Kräften für das Land bedeutete. Die Juden, denen die Auswanderung nicht gelang, wurden 1941/42 in polnische und baltische Vernichtungslager deportiert und dort ermordet. Bei der Überführung des jüdischen Vermögens in nichtjüdisches Eigentum („Arisierungen") haben sich zahllose „Arier", und nicht nur Parteifunktionäre, bereichert.

Der Nationalsozialismus wollte ideologisch den ganzen Menschen und alle Staatsbürger erfassen. Dies sollte durch das Parteienverbot und die Gleichschaltung der meisten gesellschaftlichen und wirtschaftlichen Verbände und Vereine erreicht werden. Als eigenständige, geschlossene Corpora mit einer das ganze Land erfassenden Organisation blieben nur die Kirchen intakt. Grundsätzlich war die NS-Ideologie christentums- und kirchenfeindlich, wenngleich zunächst nach 1933 und von einzelnen führenden Parteigenossen (z. B. dem bayerischen Kultusminister Hans Schemm) ein „positives Christentum" propagiert wurde. Die evangelische Kirche in Bayern schloß sich nicht der NS-konformen Bewegung der „Deutschen Christen" an (wie in Preußen, Sachsen oder Thüringen), und der Landesbischof Hans Meiser fand bei der weit überwiegenden Zahl der Geistlichen und den meisten Gläubigen der evangelisch-lutherischen Landeskirche Rückhalt in seiner kompromißlosen Haltung gegen die „Deutschen Christen". Die katholische Kirche mit dem Münchener Kardinal Michael von Faulhaber an der Spitze, durch das Reichskonkordat (Juli 1933) in ihrem Bestand grundsätzlich gesichert, wurde in ihren Schul- und Verbandsinitiativen oft in konkordatswidriger Weise behindert, Orden und Klöster wurden aufgehoben, Priester, die in Predigten das Regime kritisierten, wurden inhaftiert und verfolgt. Resistenz- und Widerstandszellen bildeten sich auch um Politiker der früheren Konservativen, der sozialistischen und kommunistischen Parteien. Führende Persönlichkeiten gingen ins Exil, zurückbleibende verfolgte die NS-Herrschaft mit scharfen Polizeimaßnahmen und drakonischer Strafjustiz. Andere überlebten in der „inneren Emigration" unter völliger Abstinenz vom öffentlichen Leben.

Die meisten Widerstandshandlungen wurden wenig oder kaum bekannt; nur einige erreichten große Publizität, wie das Attentat gegen Hitler durch Georg Elser am 8. November 1939 im Münchener Bürgerbräukeller, die Aufrufaktion „Weiße Rose" von Münchener Studenten um Hans und Sophie Scholl (Februar 1943) oder der mit dem Namen des schwäbischen Grafen Claus Schenk von Stauffenberg verbundene Umsturzversuch vom 20. Juli 1944. Rigorose Verfolgungsmaßnahmen der Geheimen Staatspolizei verhinderten die Solidarisierung größerer Bevölkerungskreise mit den Trägern des aktiven Widerstands.

Die Kriegsverluste der Jahre 1939 und 1940 waren verhältnismäßig gering, die Siegesfanfaren tönten laut. Seit Beginn des Rußland-Krieges (Juni 1941) änderte sich dies schnell, zumal nun auch in Süddeutschland der Luftkrieg einsetzte. Systematische Flächenbombardements verheerten in bayerischen Städten seit 1943 Eisenbahn- und Industrieanlagen, dann auch Wohnviertel, ohne daß sich dies spürbar auf den Widerstandswillen der Bevölkerung ausgewirkt hätte. Augsburg, München, Nürnberg, Regensburg und Würzburg wurden besonders schwer getroffen. Trotz Zerstörungen arbeitete die Industrie für die Rüstung und den Militärbedarf weiter, vielfach wurden Kriegsgefangene und Ausländer aus den besetzten Gebieten zwangsweise als Arbeitskräfte herangezogen.

Ende März 1945 erreichte der Landkrieg im Untermaingebiet Bayern. Amerikanische Truppen besetzten nach heftigen und verlustreichen Kämpfen im Fränkischen und an der Donau bis Anfang Mai ganz Bayern; im Südwesten und Süden rückten auch französische Truppen ein. Das NS-Regime brach zusammen, höhere Funktionäre flohen oder kamen ums Leben. Befreit wurden die Häftlinge in den Konzentrationslagern, die Kriegsgefangenen und ausländischen Zwangsarbeiter. Das Volk atmete auf – vor den Trümmern der zerstörten Städte und des zugrunde gerichteten Staates stehend.

5. Besatzungszeit und neuer Freistaat

Die Besetzung und der staatliche Wiederaufbau. Wenige Tage vor der Kapitulation des Deutschen Reiches (7./8. Mai 1945) schwiegen in Bayern und in den benachbarten österreichischen, böhmischen, thüringischen und hessischen Gebieten die Waffen. Die Situation war dramatisch: Nicht weil die Deutschen aufsässig gewesen wären gegen die Alliierten, wie diese wegen der unsinnigen „Werwolfpropaganda" der letzten Kriegswochen gefürchtet hatten, sondern weil allgemeines Chaos und völliger Zusammenbruch der öffentlichen Sicherheit aufgrund der nun fehlenden staatlichen Infrastruktur drohten.

Die Truppen und die Militärpolizei griffen allein bei schweren Verbrechen ein, in erster Linie dann, wenn ihre eigene Sicherheit bedroht war. Zudem waren Hunderttausende in Bayern, dem letzten Zufluchtsgebiet des Reiches, gestrandet: ehemalige Soldaten, sogenannte Evakuierte aus anderen deutschen Ländern, Flüchtlinge aller Art und akut NS-Verfolgte. Das öffentliche Verkehrssystem lag lahm, Lebensmitteltransporte von Überschuß- in Mangelgebiete waren kaum möglich, die Vorräte aus Wehrmachtsbeständen reichten nicht lange, ein unübersehbarer schwarzer Markt mit Korruption und Warenschiebungen größten Stils zeichnete sich ab, der Geldwert der umlaufenden Währung verfiel.

Erstes Ziel der Besatzungsmacht war die Ausschaltung aller Nationalsozialisten aus dem Wirken in der Öffentlichkeit und die Ausmerzung der NS-Ideologie. Letzteres gelang in vielen Fällen. Die Indoktrination der vorangegangenen zwölf Jahre verlor ihre Wirkung, weil die nationalsozialistisch gesteuerte Politik in die totale Katastrophe geführt hatte. Höchst problematisch gestaltete sich jedoch die Ausschaltung der Parteimitglieder, welche die amerikanische Militärregierung nach Formalkriterien durchführte und allen „PGs" nur einfache Arbeit erlaubte. Allerorten und in allen Bereichen fehlten nun die Fachleute.

Gestützt vor allem auf den Rat kirchlicher Kreise, etwa des Münchener Erzbischofs Kardinal Michael von Faulhaber, suchten die leitenden Besatzungsoffiziere „unbelastete" Politiker, die in der Weimarer Zeit Erfahrungen hatten sammeln können, zum Wiederaufbau des öffentlichen Lebens. Aus dem konservativen Lager kam Ministerpräsident Fritz Schäffer (28. Mai bis 28. September 1945). Ihm folgte der aus der Emigration zurückgekehrte Sozialdemokrat Wilhelm Hoegner (Ministerpräsident bis 16. Dezember 1946).

Die Probleme und Hindernisse waren außerordentlich. Mit Mühe gelang es, die Lebensmittelversorgung in den Städten einigermaßen in Gang zu bringen. Das erwies sich als besonders schwierig, weil die Ablieferungspflicht der Bauern vom Reichsnährstand, der nationalsozialistischen Standesorganisation der Landwirtschaft, überwacht worden war, die es jetzt nicht mehr gab. Die Versorgung war schlecht und verschlechterte sich in den folgenden Jahren weiter: Archaisch anmutende Tausch- und Kompensationsgeschäfte, Schwarz- und Schleichhandel prägten das Wirtschaftsleben. Produzenten und Sachwertbesitzer begünstigte dieses System, während die Masse der Bevölkerung mit großen wirtschaftlichen Schwierigkeiten zu kämpfen hatte. Erst seit dem Sommer 1948 zeichnete sich eine Besserung ab, als die von den westlichen Besatzungsmächten angeordnete „Währungsreform" (20. Juni 1948) mit der radikalen Abwertung der inflationären „Reichsmark" zu der sich als bemerkenswert stabil zeigenden „Deutschen Mark" (im Verhältnis von 100 RM zu 6,50 DM) die Grundlage für die Konsolidierung der Ökonomie auf niedrigem Niveau legte. Im Verlauf weniger Jahre stellten sich auch in Bayern wieder erstaunliche wirtschaftliche Erfolge ein.

Der staatliche Wiederaufbau war bereits 1945 in Gang gekommen. Die alten bayerischen Staatsgrenzen erhielten bald nach Kriegsende insofern erhebliche Bedeutung, als sich die amerikanischen Truppen im Juni 1945 aus Westböhmen, Sachsen und Thüringen zurückzogen und diese Gebiete der sowjetischen Besatzungsmacht überließen. Das rechtsrheinische Bayern stellte rasch eine Verwaltungseinheit im Administrationsgefüge der amerikanischen Militärregierung dar, die linksrheinische Pfalz war französisch besetzt, nach Abzug der Amerikaner aus dem nördlichen Teil im Juli 1945. Dort proklamierte die französische Militäradministration die Gründung von Rheinland-Pfalz aus Teilen der preußischen Rheinprovinz und der Provinz Hessen-Nassau, des linksrheinischen Gebietes von Hessen-Darmstadt und aus der bayerischen Pfalz, die damit aus dem bayerischen Staatsverband ausschied (30. August 1946).

Den bayerischen Teil der amerikanischen Besatzungszone dekretierte der Oberbefehlshaber Dwight D. Eisenhower im September 1945 zum Land Bayern, das einen Staat darstellen sollte. Ministerpräsident Hoegner wurde von der Militärregierung eingesetzt. Seine Regierung repräsentierte unter der Aufsicht der Besatzungsbehörden die „volle gesetzgebende, richterliche und vollziehende Gewalt". Der wichtigste, aufgrund dieser Legitimation durchgeführte Gesetzgebungsakt war der Erlaß des Entnazifizierungsgesetzes (5. März 1946) durch die Ministerpräsidenten der amerikanisch besetzten Länder Bayern, Großhessen und Württemberg-Baden. Das hier vorgesehene, übermäßig bürokratisierte Verfahren der Bewertung der gesamten Bevölkerung durch deutsche Spruchkammern auf der Grundlage von umfangreichen Fragebögen erwies sich in der Durchführung als ziemlich unbrauchbar, um die wirklich Schuldigen zu ermitteln und zu bestrafen. Als das Interesse der amerikanischen Seite an der Entnazifizierung ab 1947/48 stark zurückging, mußte die deutsche Bürokratie die nach dem Gesetz geschaffene Spruchkammerorganisation bis in die 1950er Jahre hinein abwickeln.

Mehr Erfolg hatte die Regierung unter Wilhelm Hoegner mit dem Aufbau der parlamentarischen Demokratie, für die zunächst (ab Januar 1946) durch Wahlen in den Gemeinden und Kreisen, dann zur Verfassunggebenden Landesversammlung (Juni 1946) und schließlich durch die Landtagswahl (Dezember 1946) die Grundlagen gelegt wurden. Bei der Landtagswahl stimmte das Volk über die Annahme der unter maßgeblicher Beteiligung von Hoegner und Hans Nawiasky (deutsch-schweizerischer Staatsrechtler) erarbeiteten bayerischen Verfassung ab, die eine Mehrheit der Abstimmenden fand. Bayern war nun wieder ein Staat nach den Prinzipien der repräsentativen Demokratie: Der aus der Volkswahl hervorgehende Landtag wählte den Ministerpräsidenten als Chef der Landesregierung. Außerdem setzte die Verfassung fest, daß sich Bayern einem künftigen deutschen Staat anschließen werde.

Die Wiederbegründung der politischen Parteien. Voraussetzung für die Wahlen war die Zulassung, Gründung und Organisation von politischen Parteien und Wählergruppen, in deren Gremien die politische Meinung des Volkes kanalisiert und formuliert werden konnte. Im September 1945 stellte die Militärregierung die Lizenzierung von Parteien in Aussicht, wobei in Bayern, wie in den anderen Ländern, die parteipolitische Tradition der Weimarer Republik wiederaufgenommen wurde.

Zuerst konnten sich die linksstehenden Parteien organisieren. Die Kommunistische Partei Deutschlands (KPD), als erste lizenziert, schickte zwar 1945/46 Minister und Staatssekretäre in die Regierung, verlor dann aber ihre Bedeutung für Bayerns Geschichte. Die Sozialdemokraten wirkten unter ihrem Vorsitzenden und Ministerpräsidenten Wilhelm Hoegner (1945/46, 1954–1957) tatkräftig beim Wiederaufbau des Verfassungsstaates mit. Bis 1957 arbeiteten sie in unterschiedlichen Konstellationen mit den bürgerlichen Parteien in der Staatsregierung zusammen. Da die Partei in Bayern grundsätzlich mehr von der zentralistischen Zielsetzung der Bundes-SPD abhängig war, konnte sie danach in der Regierung des föderalistischen Freistaats keinen größeren Einfluß mehr gewinnen.

Diese übernahm fast ausschließlich seit den 1960er Jahren die Christlich-Soziale Union (CSU). Sie war 1946 gegründet worden aus der Tradition der Bayerischen Volkspartei der Jahre vor 1933 (Gruppe um Alois Hundhammer mit katholisch-konservativem Programm), ergänzt durch liberale und soziale Intentionen, die der Mitbegründer Josef Müller und sein Kreis vertraten. Die CSU entwickelte sich als interkonfessionelle, demokratische Sammlungsbewegung zu einer Volkspartei der bürgerlich-konservativen Mitte, die gegenüber der die anderen Bundesländer umfassenden Christlich-Demokratischen Union (CDU) trotz des sehr ähnlichen Programms stets ihre Selbständigkeit bewahrte, im Bundestag in Fraktionsgemeinschaft mit der CDU wirkte und in zahlreichen Bundesregierungen als Koalitionspartner der CDU arbeitete. Die CSU erreichte – mit Ausnahme der Landtagswahl von 1950 – jedesmal die höchste Stimmenzahl bei den Wahlen und bildete dementsprechend die größte Fraktion im Landtag. Ihre Repräsentanten standen stets in der Regierungsverantwortung, ausgenommen die Jahre 1954 bis 1957, in denen sich die anderen vier Landtagsparteien gegen die stärkste Fraktion der CSU in der sogenannten Viererkoalition zusammenfanden. Dies blieb jedoch eine kurze Episode. Seitdem stellt die CSU den Ministerpräsidenten in Bayern und beherrscht die Staatsregierung, seit 1966 ohne Koalitionspartner.

In den 1950er Jahren gelang es der extrem föderalistisch programmierten Bayernpartei (gegründet 1948), gute Wahlergebnisse bei Bundestags- und Landtagswahlen zu erzielen, so daß sie zu einer ernsthaften Konkurrenz für die CSU wurde. Diese konzentrierte sich darauf, die BP-Wähler zurückzugewinnen, was auch gelang. Seit 1966 ist diese Partei nicht mehr im Landtag vertreten und sank in die politische Bedeutungslosigkeit ab. Der 1950 als Flüchtlingspartei gegründete Block der Heimatvertriebenen und Entrechteten (BHE) konnte nach den Wahlergebnissen bis 1962 eine Landtagsfraktion stellen. Dann verlief sich seine Anhängerschaft, was auch als Zeichen für das Voranschreiten und Gelingen der Vertriebenenintegration anzusehen ist.

Die Tradition der liberalen Parteien setzte seit 1946 die Freie Demokratische Partei (FDP) fort. Sie konnte Landtagsfraktionen bis 1966, dann wieder von 1970 bis 1982 bilden. Gelegentlich stellte sie bis 1962 Regierungsmitglieder. Aus der liberalen Überlieferung war die Partei mehr auf das Reich und die Bundesrepublik zentriert als auf die Länderstaatlichkeit, einer der Gründe für die schwindende Bedeutung der Liberalen in Bayern.

Rechtsextreme Parteien fanden in Bayern keinen Zulauf. Die Nationaldemokratische Partei (NPD) erreichte 1966 aufgrund des Landtagswahlergebnisses Fraktionsstatus im Landtag, die Republikanische Partei verfehlte dieses Ziel 1986. Beide Gruppierungen hatten mit nationalistischen und dem Nationalsozialismus nahestehenden Parolen um Anhänger geworben. Wesentliche Erfolge waren ihnen nicht beschieden.

Die mit ökologischen Anliegen und mit Argumenten der Friedensbewegung werbende Partei „Die Grünen" fand mit ihren Programmpunkten aus dem Umweltschutz, der Ablehnung der Nutzung der Kernenergie und des Ausbaus von Fernstraßen und Großflughäfen so viel Anklang bei den Wählern, daß sie nach der Wahl von 1986 in den bayerischen Landtag einzog. Stimmen gewannen sie vor allem in den großen Städten und deren Umland.

Bayern und die Bundesrepublik. Nach der Kapitulation der Wehrmacht (8. Mai 1945) und nach der Verhaftung der letzten Reichsregierung (23. Mai 1945) war das Deutsche Reich nicht mehr handlungsfähig. Weil der zur Übernahme der höchsten Gewalt *(Supreme Authority)* am 30. Juli 1945 konstituierte Alliierte Kontrollrat in Berlin nicht wirkungsvoll funktionierte, stellten die Militärregierungen in den einzelnen Besatzungszonen die Staatsgewalt dar. Das amerikanische Kommando griff dabei auf die gegebene Struktur der Länder zurück, ging aber schon im Herbst 1945 daran, eine die ganze Besatzungszone übergreifende Koordinierungsinstanz zu schaffen: den Länderrat der Ministerpräsidenten von Bayern, Württemberg-Baden und Hessen, später auch Bremen, in Stuttgart, der zunächst vor allem auf den Gebieten von Ernährung und Landwirtschaft, Post und Verkehr die Tätigkeit der Länderregierungen koordinieren sollte. Ab 1947 erhielt die staatenbundähnliche Ministerpräsidentenkonferenz eine parlamentarische Kontrolle durch ein von den Länderparlamenten bestimmtes Abgeordnetengremium.

Ein über die einzelnen Zonen hinausgehender Zusammenschluß der englisch und amerikanisch besetzten Gebiete kam ab 1947 in der „Bizone" mit dem Wirtschaftsrat als Parlament, mit einer Länderkammer als Exekutivrat und mit Verwaltungen, hauptsächlich für Ernährungs-, Verkehrs- und Finanzfragen, auf Betreiben der Militärgouverneure zustande. Die Institutionen der Zweizonenverwaltung gingen später zum größten Teil in den Ministerien der Bundesrepublik auf. Daß ein Länder- und Besatzungszonen-Partikularismus das staatliche Leben in Deutschland nicht auf die Dauer bestimmen konnte, lag letztlich an der weltweiten außenpolitischen Konstellation des sich anbahnenden „Kalten Krieges" zwischen den Westmächten und der Sowjetunion. Die vom bayerischen Ministerpräsidenten Hans Ehard im Juni 1947 zustande gebrachte Konferenz der Ministerpräsidenten aller deutschen Länder scheiterte, weil die Vertreter der sowjetisch besetzten Länder vorzeitig abreisten – die Veranstaltung wurde zu einem Symbol der Teilung Deutschlands.

Auf Veranlassung der westlichen Militärregierungen setzten die Ministerpräsidenten einen Sachverständigen-Ausschuß zur Vorbereitung eines Verfassungsentwurfes ein ("Herrenchiemseer Verfassungskonvent"), dessen Grundgesetzentwurf dann im Herbst und Winter 1948/49 von dem durch die Landtage gewählten Parlamentarischen Rat erörtert und am 23. Mai

1949 nach der Genehmigung durch die Besatzungsmächte angenommen wurde. Im Gegensatz zu den anderen deutschen Landtagen fand sich im bayerischen Parlament keine Mehrheit für das Grundgesetz, weil darin die föderalistische Komponente der künftigen Bundesrepublik nicht genügend berücksichtigt sei und die Mitwirkungsmöglichkeiten der Länder mit ihrer genuinen Eigenstaatlichkeit nicht hinreichend zum Ausdruck kämen. Das Inkrafttreten des Grundgesetzes und seine Geltung für und in Bayern war dadurch aber nicht in Frage gestellt. Die in Bayern gewählten Abgeordneten zum Deutschen Bundestag, die bayerischen Vertreter im Bundesrat, bayerische Politiker in hohen Positionen der Bundesregierung sowie zahlreiche aus Bayern kommende Bundesbeamte wirkten tatkräftig und erfolgreich beim Aufbau der Bundesrepublik Deutschland mit.

Die bayerische Verfassung vom 2. Dezember 1946 blieb weiterhin die Grundlage der Eigenstaatlichkeit des Freistaats Bayern, der sich besonders in einer eigenständigen Kultur- und Bildungspolitik, im Landtag als gewählter Volksvertretung und in einer selbstbewußten eigenen Staatsregierung und Staatsverwaltung darstellt.

Wiederaufbau. Die Zerstörungen im Land durch den Bombenkrieg und durch die Kämpfe in den letzten Kriegswochen waren groß: In manchen Städten lagen drei Viertel der Gebäude in Schutt und Asche (z. B. Würzburg oder Donauwörth), in manchen die Hälfte (wie in Nürnberg) oder über ein Drittel (etwa Aschaffenburg, Neu-Ulm, Bayreuth, München oder Schweinfurt); manche Dörfer waren bei Kämpfen in den allerletzten Kriegstagen dem Erdboden gleich gemacht worden. Die Bahnlinien, besonders deren Knotenpunkte, Brücken und andere technische Kunstbauten der großen Straßen lagen vielfach in Trümmern. Hier wie auch bei den Wohn- und Geschäftshäusern war zunächst nur daran zu denken, mit behelfsmäßigen Mitteln eine minimale Funktionsfähigkeit wiederherzustellen. Neben Baustoffen, Maschinen und Werkzeugen fehlten eine leistungsfähige Bauadministration für umfassende Planungen wie das Geld in den öffentlichen Kassen für die Baudurchführung.

Sehr langsam entspannte sich die Lage, als nach der Währungsreform (1948) zögernd, dann seit Beginn der 1950er Jahre mit einer gewissen Beschleunigung der Bau neuer städtischer Wohnungen in Gang kam. Die Erfolge waren außerordentlich, wenn sie sich nachhaltig spürbar auch erst nach über einem Jahrzehnt einstellten, so daß die Wohnraumbewirtschaftung schrittweise aufgehoben werden konnte.

Die städtebauliche Grundstruktur änderte sich beim Wiederaufbau verhältnismäßig wenig, auch dort nicht, wo weite innerstädtische Wohn- und Geschäftsviertel großflächig zerstört waren. Dies lag hauptsächlich daran, daß die Grundeigentumsverhältnisse konstant blieben und das Straßensystem wegen der darunter befindlichen Versorgungsleitungen in den Grundzügen beibehalten wurde. Es entstanden jährlich mehr als 150000 Wohngebäude und Geschäftshäuser, Industrie- und Gewerbebauten, wobei mehr öffentliche Gebäude, wie Schulen und Krankenhäuser, Kirchen und Museen, errichtet wurden als im Zeitraum zwischen 1870 und 1945. Stellenweise leistete die Denkmalpflege Vorzügliches, z. B. beim Wiederaufbau der Residenzen in München und Würzburg, der Kaiserburg und der großen Kirchen in Nürnberg.

Da der Baugrund in den bisherigen städtischen Markungen knapp wurde, griffen Wohn- und Industrieanlagen vielfach weit über die alten Burgfriedensgrenzen hinaus. Es entstanden große städtische Ballungsräume, besonders auffällig in und um München oder Nürnberg-Fürth, in entsprechendem Maßstab auch bei den anderen Groß- und bei vielen Mittelstädten wie Augsburg, Würzburg oder Regensburg.

Die Verkehrsinfrastruktur wandelte sich nach der Beseitigung der unmittelbaren Kriegsfolgen im Eisenbahn- und Straßensystem seit den 1950er Jahren grundlegend. Eisenbahnlinien im Regionalverkehr wurden stillgelegt, die Fernstraßen, das innerstädtische Straßennetz und die Nahverkehrslinien um die großen Städte wuchsen stark nach den Bedürfnissen des seit den 1960er Jahren sprunghaft zunehmenden Kraftfahrzeugverkehrs. Für den wachsenden Luftverkehr, in dem seit 1955 auch wieder deutsche Unternehmen tätig werden konnten, wurden bestehende Flugplätze erweitert und neue Anlagen eingerichtet.

Der Zweite Weltkrieg hatte die größte Bevölkerungswanderung ausgelöst, die je die deutschen Länder und ihre Nachbarschaft erfaßt hat. Bei Kriegsende befanden sich mehrere hunderttausend Menschen im Land, die teils freiwillig oder auch durch die alte Staatsgewalt gezwungen hierher gekommen waren: Bombenflüchtlinge („Evakuierte"), Verschleppte, Zwangsarbeiter und Kriegsgefangene, KZ-Häftlinge und Insassen von Strafanstalten. Um die Rückführung der Nichtdeutschen bemühten sich verschiedene Organisationen der Besatzungsmacht, die große Anstrengungen unternahm, die „displaced persons", besonders die aus Ostpolen und Westrußland hierher geflüchteten Juden, zu versorgen und in andere Länder, vor allem nach USA oder Palästina-Israel, weiterzuleiten.

Nachdem es schon in den letzten Kriegsmonaten und in der folgenden Zeit zu panikartiger, chaotisch verlaufender Flucht vieler Deutscher aus den von sowjetischen Truppen eroberten Gebieten gekommen war, begannen im Winter 1945/46 die planmäßigen Ausweisungen der deutschsprachigen Bevölkerung aus den bis dahin deutschen Gebieten östlich der Oder und der Neiße, aus der Tschechoslowakei und aus Ungarn. Bis Ende 1946 kamen etwa zwei Millionen Vertriebene aus diesen Gebieten nach Bayern, der größere Teil davon aus dem Eger- und Sudetenland. Die Zugewanderten machten ein Viertel der bayerischen Gesamtbevölkerung (1946: 9,4 Mill.) aus; bald sprach man von den Sudetendeutschen als „dem vierten bayerischen Stamm". Die an den Grenzbahnhöfen Ankommenden mußten zunächst in Lagern, dann vielfach in Zwangsprivatquartieren in ländlichen Gebieten ohne ausreichende Arbeitsmöglichkeiten untergebracht werden. Die amerikanische Besatzungsmacht überließ die Flüchtlingsaufnahme und -ansiedlung den deutschen Behörden und beschränkte sich auf die allgemeine Überwachung, insbesondere der politischen

Betätigung der Vertriebenen. Erst 1950 konnten sich die Vertreter ihrer Interessen als Partei zum BHE (Block der Heimatvertriebenen und Entrechteten) zusammenschließen, nachdem die Lizenzierungspflicht für politische Parteien aufgehoben worden war.

Nach der Währungsreform, die zunächst eine starke Arbeitslosigkeit zur Folge hatte, setzte innerhalb Bayerns und dann auch zur britischen Besatzungszone eine erhebliche Binnenwanderung der Vertriebenen ein, die nun vielfach Beschäftigung in ihren früheren Berufen fanden. Die Flüchtlingslager konnten aufgelöst werden, die wirtschaftliche und mentale Integration der Zugewanderten machte große Fortschritte. Dazu trug auch bei, daß nach der Währungsreform durch das Soforthilfe- bzw. Lastenausgleichsgesetz (1949/52) die Vertriebenen anteilige Entschädigungen für den verlorenen Besitz erhielten. Diese Ansprüche wurden häufig zur Finanzierung von Wohngebäuden und für die Gründung von Gewerbebetrieben verwendet. An verschiedenen Orten entstanden in aufgelassenen Anlagen früherer Rüstungsbetriebe sogenannte Flüchtlingsstädte (Geretsried, Neugablonz, Waldkraiburg, Traunreut, Neutraubling). Hier wurden – wie auch anderwärts – die aus den Vertreibungsgebieten mitgebrachten Gewerbe- und Kunsthandwerkstraditionen weitergeführt (z.B. Gablonzer Schmuck). Die Eingliederung der Flüchtlinge und Vertriebenen aus den deutschen Ostgebieten, aus den Sudetenländern und aus Sprachinseln in Ost- und Südosteuropa ließ auf beiden Seiten – bei den Eingesessenen und bei den Zugewanderten – keine wesentlichen Ressentiments zurück: eine der bedeutendsten sozialpolitischen Leistungen im dritten Viertel des 20. Jahrhunderts.

Die Konfessionsstatistik Bayerns änderte sich durch die massive Zuwanderung aufs Ganze gesehen kaum, denn auch die Zuzügler waren, wie die eingesessene Bevölkerung, zu gut zwei Dritteln römisch-katholisch, zu knapp einem Drittel evangelisch oder freikirchlich. Es änderte sich jedoch die Konfessionsstruktur des Landes, weil in bisher fast ausschließlich katholische Landesteile (etwa von Niederbayern und der

Oberpfalz) protestantische Vertriebene kamen und in mehrheitlich evangelischen Gebieten (etwa in Mittelfranken und Oberfranken) häufig Katholiken aufgenommen werden mußten. Diese konfessionelle Symbiose hatte sicher positive Seiten im Hinblick auf die später einsetzende sogenannte ökumenische Bewegung. Sie hat aber auch, zumindest anfangs, die Spannungen zwischen Einheimischen und Vertriebenen verstärkt, wie überhaupt in einer Zeit verstärkter Kirchlichkeit der Bevölkerung nach dem Kriegsende die konfessionellen Komponenten der Religiosität eine große Rolle spielten.

Das Gelingen der Flüchtlingsintegration hatte unterschiedliche Voraussetzungen: die Integrationswilligkeit der Vertriebenen, die den Gedanken an eine Rückkehr in die frühere Heimat bald aufgaben; die Bereitschaft der Einheimischen, Belastungen auf sich zu nehmen; und schließlich der von der Besatzungsmacht ausgeübte Zwang, der eine Zurückweisung der Flüchtlinge durch deutsche Behörden ausschloß.

Wirtschaft im Wandel. Zu Beginn des 20. Jahrhunderts und auch noch um dessen Mitte war Bayern ein Agrarland. Der größte Bevölkerungsanteil lebte in und von der Landwirtschaft. Daneben spielten das gewerblich-industrielle Leben, der Kaufmannsstand und das Bankwesen eine wichtige Rolle. Es gab eine bedeutende verarbeitende Industrie – wie die Textilproduktion in Augsburg, die Maschinen- und Elektroindustrie in Nürnberg, das oberfränkische Porzellangewerbe, den Maschinen-, Lokomotiven- und Anlagenbau und bedeutende Bankhäuser in der Landeshauptstadt. Mit den Schweinfurter Kugellagern oder den Augsburger Dieselmotoren hatten bayerische Produkte Weltgeltung. Dahinter trat die Grundstoffindustrie zurück, weil es Kohle und Eisen als deren Basis nicht in nennenswertem Umfang gab.

Was lange Zeit als Nachteil und Mangel galt, erwies sich in der wirtschaftlichen Entwicklung seit den 1950er Jahren als Vorteil, da die anderwärts, vor allem in Westdeutschland, auftretenden großen Probleme der industriellen Umstrukturierung hier nicht in dem Maß auftraten. Mit nachhaltiger Unterstützung durch die staatliche Wirtschaftspolitik wurde die Energieversorgung durch den Bau von Ölraffinerien um Ingolstadt und von Ölfernleitungen zu den Mittelmeerhäfen (seit 1963 in Betrieb) auf eine neue Grundlage gestellt. Fahrzeugbau und Motorenherstellung (z. B. Bayerische Motorenwerke in München, Dingolfing und Regensburg, Audi in Ingolstadt) entwickelten sich gut. Die Elektroindustrie und darauf dann aufbauend die Elektronik- und Computerproduktion schufen in Bayern, vor allem im Raum München, neue und große Herstellungs- und Entwicklungswerke. Die Luft- und Raumfahrtindustrie wurde seit den 1970er Jahren zu einem wichtigen Arbeitgeber im südlichen Bayern. Die zivile Kernforschung, die physikalische und astrophysikalische Grundlagenforschung überhaupt, fanden in Bayern schon früh eine Heimstatt, wie das symbolhafte Garchinger „Atomei" (1957) dokumentiert. Auch die biologische Grundlagenforschung wurde von Münchener Max-Planck-Instituten wesentlich gefördert.

Bayern gelang damit der Übergang vom Agrarstaat zum modernen Industriestaat. Die Zahl der landwirtschaftlichen Betriebe ging zwar zurück, die zudem im Rahmen der Europäischen Wirtschaftsgemeinschaft (seit 1957) und der Europäischen Union (seit 1992/97) einem starken, zum Teil ruinösen Wettbewerb ausgesetzt sind. Die Bauern bestellen aber weiterhin die landwirtschaftlichen Nutzflächen, so daß es brachliegendes Land („Sozialbrache") bis jetzt nicht gibt. Auch die Bausubstanz bäuerlicher Dörfer blieb erhalten und wird gepflegt. Wie für den Umweltschutz, für den Bayern 1970 ein eigenes Ministerium einrichtete, hat der Staat auch für die sogenannte Landesentwicklung beträchtliche Aktivitäten gezeigt und nicht nur Industrie- und Gewerbeansiedlungen gefördert, sondern auch große Mittel für die Weiterentwicklung der bäuerlichen Höfestrukturen, für die Ausbildung der Bauern und für die Erhaltung der Kulturlandschaft ausgegeben.

Die Wirtschaftsförderung und die Gewinnung von Arbeitsplätzen im Freistaat betrieb die bayerische Regierung mit Erfolg unter den Ministerpräsidenten Wilhelm Hoegner (1945/46, 1954–1957), Hans Ehard (1946–1954, 1960–1962), Hanns Seidel (1957–1960), Alfons Goppel (1962–1978), Franz Josef Strauß (1978–1988), Max Streibl (1988–1993) und Edmund Stoiber (seit 1993). Besonderes Augenmerk galt den strukturschwachen Landesteilen, vor allem im Osten des Landes an den Grenzen zur DDR und zur Tschechoslowakei. Der seit den mittleren 1950er Jahren immer dichtere „Eiserne Vorhang" zu den kommunistisch regierten Ländern brachte für die Grenzlandkreise in Oberfranken, in der Oberpfalz und in Niederbayern viele Nachteile, weil alte Wirtschaftsbeziehungen abgebrochen wurden. Die aus Mitteln des Bundes und des Landes geleistete „Zonenrand"- und „Grenzlandförderung" brachte dafür einigen Ausgleich, dessen Ausbleiben nach der Wiedervereinigung von 1990 neue Klagen provozierte.

Reformen im Staat. Die seit den Zeiten des Grafen Montgelas gut organisierte und leistungsfähige Verwaltung des Staates und der Gemeinden sollte nach der von Verwaltungstheoretikern gestützten Meinung der Staatsregierung einfacher und damit auch effektiver gestaltet werden. Die von 1971 bis 1976 durchgeführte Neuorganisation der Gemeinden und der Verwaltungs- und Gerichtsbezirke hat die hergebrachte Einteilung des Landes und damit die Zusammensetzung der Repräsentationsgremien entscheidend verändert. Die Zahl der Gemeinden wurde auf fast ein Viertel zurückgeführt (von über 7000 auf etwa 2000), die Zahl der unteren Verwaltungsbezirke der Landkreise und kreisfreien Städte wurde halbiert (von knapp 200 auf etwa 100). Die Bezirke der anderen Behörden und der Gerichte wurden der Verwaltungsstruktur angeglichen und zahlenmäßig reduziert. In der Bevölkerung und bei den politischen Parteien blieb dies nicht ohne Widerspruch. Langwieriger gestaltete sich die Reform und Weiterentwicklung der Vorschriften für die Sacharbeit in den Ämtern und Behörden. Nachdem schon unter der Regierung Hoegner (1954–1957) der Vorschriftendschungel gelichtet worden war („Bereinigung des bayerischen Landesrechtes"), kam in den

1980er Jahren die Vereinfachung der sachlichen Verwaltungs-
arbeit entscheidend voran, indem staatliche Aufsichts- und
Kontrollaufgaben beseitigt wurden. In den letzten Jahren zog
sich der Staat aus Wirkungsfeldern zurück, auf denen er pri-
vatwirtschaftlich tätig geworden war (Wirtschaftsbetriebe,
Versicherungswesen, Industriebeteiligungen). Die dabei erziel-
ten großen Veräußerungsgewinne setzte die Regierung unter
Ministerpräsident Edmund Stoiber vor allem für die Förderung des Ausbildungswesens ein.

Die Sorge für die Bildung, von den Grundschulen bis zu den
Fachhochschulen und Universitäten, gehörte stets zu den wichtigsten Staatsaufgaben in Bayern. In den 1950er und 1960er
Jahren waren die Weiterentwicklung der Grund- und Haupt-
schulen mit der Überführung der Bekenntnisschulen in die
christlichen Gemeinschaftsschulen und der Aufbau einer neuen
großräumigen Schulorganisation sowie die Überführung der
Lehrerbildung an die Pädagogischen Hochschulen und dann an
die Universitäten die Hauptanliegen der Bildungspolitik. Universitäten wurden gegründet, zuerst Regensburg (1962/68),
dann (seit 1969) Augsburg, Bayreuth, Passau und Bamberg.
Damit sollten die bestehenden Landesuniversitäten in Erlangen, München und Würzburg entlastet werden. Außer wissenschaftlichen Gründen spielten hier Anliegen der regionalen
Strukturpolitik eine entscheidende Rolle. Schließlich kam auch
die großzügige Umgestaltung und Förderung der Fachhochschulen in Gang: Wie in den früheren Ingenieurschulen und
Polytechniken sollen hier auf wissenschaftlicher Grundlage
Berufspraktiker in allen Sparten der Ingenieur- und Wirt-
schaftswissenschaften, des Landbaues und des Sozialwesens
ausgebildet werden. Der unglaublich schnellen industriellen
und technologischen Entwicklung soll die Ausbildung auf der
Spur bleiben, um das Niveau des seit den 1960er Jahren vielbe-
achteten wirtschaftlichen Aufschwungs im Freistaat zu halten.

Bayern und die deutsche Wiedervereinigung (1989/90). Die
Tatsache, daß die amerikanische Besatzungsmacht 1945 als
Grenze ihrer Besatzungszone die alte bayerische Landesgrenze

gegen Thüringen und Sachsen bestimmte und nicht etwa eine bei den militärischen Operationen erreichte Linie festlegte, erlangte für die weitere Entwicklung der deutschen und bayerischen Staatlichkeit große Bedeutung. Der „Eiserne Vorhang" in der Epoche des „Kalten Krieges" ging an der Landesgrenze nieder. Bayern befand sich am Rand der westlichen Welt, was um so spürbarer wurde, je undurchdringlicher die Absperrmaßnahmen der Deutschen Demokratischen Republik und auch der kommunistischen Tschechoslowakei wurden. Wirtschaftliche oder persönliche Verbindungen konnten kaum mehr oder nur unter großen Schwierigkeiten gepflegt werden. Dies änderte sich schlagartig mit der Grenzöffnung (9. November 1989), die den Zusammenbruch des sozialistischen Systems der DDR signalisierte. Unter der neuen DDR-Regierung konstituierten sich in deren Gebiet die an die alten Strukturen anknüpfenden Länder – eine Entwicklung, die einen großen Erfolg des Föderalismus als deutsches Verfassungsprinzip darstellt. Der bayerische Ministerpräsident Max Streibl hatte sich dafür nachhaltig und erfolgreich eingesetzt. Der Beitritt der Deutschen Demokratischen Republik und ihrer Länder zum Geltungsbereich des Grundgesetzes von 1949 vollzog dann die deutsche Wiedervereinigung am 3. Oktober 1990.

Max Streibl lud im Oktober 1990 die Ministerpräsidenten aller deutschen Länder zu einer gesamtdeutschen Konferenz ein. In der dabei verabschiedeten „Münchner Erklärung" stellten die Teilnehmer das Föderalismus-Prinzip als Grundlage für die Freiheit im demokratischen Gesamtstaat heraus. Bereits 1947 hatte der damalige bayerische Ministerpräsident Hans Ehard die Ministerpräsidenten aller deutschen Länder nach München zur Besprechung der höchst schwierigen Versorgungslage gebeten. Auch hier lag ein föderalistisches Konzept zugrunde, weil die Länderrepräsentanten sich als die „vorläufigen Treuhänder des deutschen Volkes" betrachteten. Der gesamtdeutsche Aspekt scheiterte zwar, aber für die Westzonen war dadurch die Bedeutung der Länderstaatlichkeit herausgestellt worden.

Nach der Wiedervereinigung unterstützte Bayern die neuen Bundesländer, vor allem Sachsen, zahlreiche Städte und Gemeinden sowie Berufs- und Wirtschaftsverbände beim Aufbau der dem demokratisch-parlamentarischen System entsprechenden Verwaltungseinrichtungen. Wirtschaftliche und kulturelle Verbindungen wurden neu geknüpft, viele Sachsen und Thüringer suchten und fanden Arbeitsmöglichkeiten in Bayern. An der Lösung der immensen Strukturprobleme in den neuen Ländern wird aber noch lange zu arbeiten sein. Dadurch wird weiterhin an die 45 Jahre dauernde Teilung Deutschlands erinnert, auch wenn die weitläufigen Sperranlagen der Grenze längst entfernt sind.

Die Wiedervereinigung Deutschlands war zu einem nicht geringen Teil vom Länderföderalismus geprägt. Es ist aber deutlich zu erkennen, daß sie das Gewicht der Bundesrepublik als deutscher Gesamtstaat gestärkt hat, in erster Linie bedingt durch die außen- und sicherheitspolitischen Komponenten dieser Entwicklung. Die Bedeutung des einzelnen Landes, auch des größten deutschen Flächenstaates Bayern, ging dementsprechend zurück. Das gilt in gewissem Sinn auch für die hier führende politische Partei, die CSU, in ihrem Verhältnis zur gesamtdeutschen CDU.

Bayern, Deutschland und Europa. Bayerns Parlament und Staatsregierung sahen und sehen sich auf der Grundlage der eigenen Verfassung als Wahrer und Hüter der Eigenstaatlichkeit im Rahmen der föderalistischen Bundesrepublik. Obwohl der bayerische Landtag dem Grundgesetz 1949 nicht zustimmte, bestanden nie Zweifel an der Bundestreue Bayerns. Bayerns Ministerpräsidenten präsidierten turnusgemäß dem Bundesrat und Bayerns Vertreter in Bonn verstanden sich stets als die Sachwalter des Föderalismus.

Bei den Auseinandersetzungen zwischen der Bundesrepublik und den Ländern ging es in erster Linie um die Verteilung der Steuereinnahmen. Hier hatte es schon 1953 Streit zwischen dem bayerischen Ministerpräsidenten Hans Ehard und seinem Landsmann und Bundesfinanzminister Fritz Schäffer gegeben. Eine ähnliche Konstellation trat 1968/69 ein, als Bayern unter Alfons Goppel sich mit dem aus Bayern gebürtigen Bundesfinanzminister Franz Josef Strauß im Streit um die Finanzreform überwarf, welche die Länder schlechter stellte. Beide Male konnten Kompromißformeln für das Bund-Länder-Verhältnis gefunden werden. Hans Ehard hatte schon 1954 zur Stärkung der Länderposition gegenüber dem Bund die Beachtung des Subsidiaritätsprinzips eingefordert, das später dann von Max Streibl im Blick auf die europäischen Instanzen reklamiert wurde.

„Große" (d.h. Außen-)Politik war von der Länderebene aus nicht zu machen, genausowenig wie dies nach der Bismarckschen Reichsverfassung von 1871 möglich gewesen war. Mit den Nachbarn freundschaftliche Beziehungen zu pflegen gelang immer, besonders deutlich sichtbar in den Arbeitsgemeinschaften Alpenländer (Arge Alp seit 1972), Alpen-Adria (seit 1978) und Donauländer (seit 1990), in denen Vertreter deutscher, schweizerischer, österreichischer und italienischer Länder und Regionen zur Beratung gemeinsamer Probleme kultureller, wirtschaftlicher oder ökologischer Art zusammenkommen.

Franz Josef Strauß wurde 1978 zum bayerischen Ministerpräsidenten gewählt. Davor hatte er 25 Jahre als Abgeordneter und Minister im Bonner Bundestag und in verschiedenen Bundesministerien gewirkt. Seine große Erfahrung und seine weitreichenden Beziehungen suchte er auch in dem engeren Rahmen des höchsten bayerischen Staatsamtes umzusetzen. Für die bayerische Wirtschaft ergaben sich daraus wichtige Entwicklungsmöglichkeiten. Die Rückkehr in die Bundespolitik, die Strauß als Kanzlerkandidat der CDU/CSU 1980 bei der Bundestagswahl anstrebte, gelang aber nicht. Er blieb bis zu seinem Tod (1988) bayerischer Ministerpräsident.

Schon bald nach dem Zweiten Weltkrieg waren in den west- und mitteleuropäischen Ländern Stimmen laut geworden, die einen wirtschaftlichen und – wenn möglich auch – politischen Zusammenschluß zu einem gemeinsamen Europa propagierten. Auch in deutschen Ländern und in Bayern war dies der Fall, wenngleich die Ziele und die Formen ziemlich verschwommen blieben. 1951/52 kam schließlich die Montanunion als europäische Gemeinschaft der Länder Frankreich, Italien, Deutschland, Belgien, der Niederlande und Luxemburg zur gemeinsamen Verwaltung der Kohle- und Stahlwirtschaft zustande. Die Bundesrepublik hatte daran besonderes Interesse, weil der Zusammenschluß den Abbau der Besatzungsrestriktionen begünstigte. 1957 entstanden dann zwei weitere europäische Gemeinschaften: die der gemeinsamen Kontrolle der Kernenergie dienende Atomgemeinschaft und die Europäische Wirtschaftsgemeinschaft (EWG), die ein einheitliches Wirtschaftsgebiet und einen gemeinsamen Markt anstrebte.

Die Einrichtung der Europäischen Kommission (1958) mit den nach Sachgebieten gegliederten Generaldirektionen als Verwaltungsorganisationen bewirkten einen zunehmenden Ausbau und eine wachsende Kompetenz der europäischen Instanzen mit starker Tendenz zur Bürokratisierung und Zentralisierung. Vor allem durch die Maßnahmen zur Steuerung der Landwirtschaftspolitik fühlte sich Bayern benachteiligt. Der Unionsvertrag von Maastricht (1992) führte zur Verschmelzung der drei Europäischen Gemeinschaften (für Kohle und Stahl, für Atomfragen, für die Wirtschaft) zur Europäischen Gemeinschaft (EG), aus der sich seit Ende 1993 dann die Europäische Union (EU) entwickelte. Sie sieht eine Wirtschafts- und Währungsunion mit gemeinsamer Währung (Euro) vor, was im einzelnen im Amsterdamer Vertrag (1999) festgehalten ist.

In Bayern fürchtete man, daß die europäische Entwicklung dem Föderalismus-Gedanken abträglich sein könnte. Ministerpräsident Strauß forderte seit 1978, daß auch in den Europäischen Gemeinschaften föderalistische Grundsätze gelten sollten. Sein Nachfolger Max Streibl konkretisierte diese Programmatik in zweierlei Hinsicht: Ihm schwebte ein „Europa der Regionen" vor, in dem die politische Kraft der Länder und Regionen innerhalb Europas gestärkt werden solle. Auf Einladung Bayerns fanden seit 1989 Konferenzen unter diesem

Motto statt, wobei die Definition des Regionsbegriffs in der Vielfalt Europas aber offenblieb.

Wichtiger wurde Streibls zweites Anliegen: Der Grundsatz der Subsidiarität müsse auch für die europäischen Gemeinschaftsinstanzen gelten. Dieses Prinzip, das schon 1954 Hans Ehard in die Diskussion eingeführt hatte, stammt aus der katholischen Soziallehre (Enzyklika „Quadragesimo anno", 1931). Es besagt, daß die übergeordnete Instanz nur solche Aufgaben an sich ziehen darf, die die untergeordnete Gemeinschaft nicht erfüllen kann. Seit dem Vertrag von Maastricht (1992) und dem Protokoll von 1997 ist dieses Prinzip Grundsatz des Europarechts.

Im 19. Jahrhundert wurde die staatliche Einheit in Deutschland vorbereitet durch das Zusammengehen der deutschen Staaten in Wirtschaftsfragen wie der gemeinsamen Zollordnung oder des gemeinsamen Handels- und Wirtschaftsrechts. Dies waren wichtige Voraussetzungen für die nachfolgende politisch-nationale Einigung. Bayern hat als Staat diese Einigung trotz deren maßloser nationalistischer Übersteigerung samt der sich daraus ergebenden Katastrophe von 1945 überdauert. Heute bietet die supranationale Einigung im europäischen Rahmen, dazu noch eingespannt in das weltweite (globale) Beziehungssystem der freien Marktökonomie, für eine kleine staatliche und gesellschaftliche Zelle, wie sie Bayern darstellt, viele Entwicklungschancen. Gefahren, wie sie dem bayerischen Gemeinwesen in seiner langen Geschichte mehrfach gedroht haben, zeichnen sich nicht ab.

Innerhalb der Bundesrepublik ist Bayern als Wohn- und Arbeitsort, als Ferien- und Studienaufenthalt beliebt, wie die Statistik über Zuzug und Abwanderung zeigt. Für die Zuwanderung sind sicher in erster Linie wirtschaftliche Gesichtspunkte maßgebend, weil die Technik- und Dienstleistungsbranchen Arbeitsplätze bieten. Die starke Integrationskraft Bayerns, die Alteingesessene und Zuziehende aus aller Herren Länder verbindet und zusammenhält, wird aber auch durch mentale Komponenten geprägt, die auf der eigenständigen historischen Entwicklung beruhen.

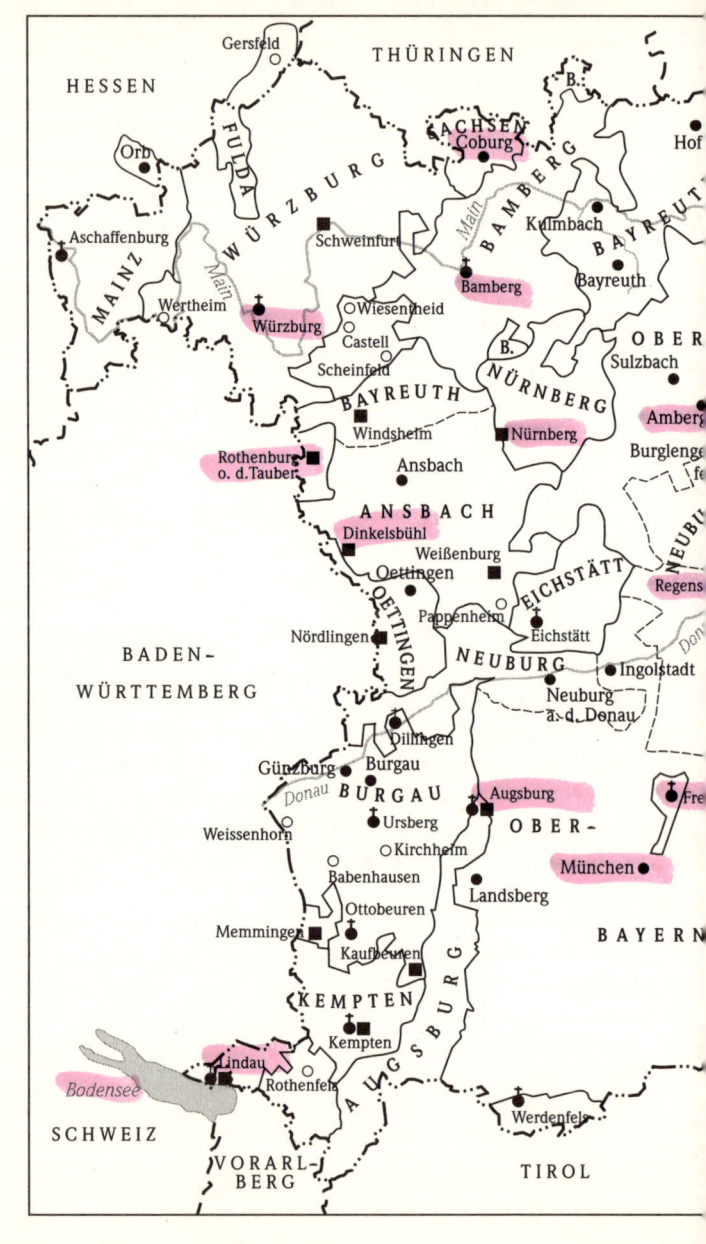

SACHSEN

—— ··—	Bayerische Landesgrenze
- - - - -	**Grenzen der Nachbarländer**
———	Herrschaftschaftsgrenzen um 1800
- - - - -	Herrschaftsbinnengrenzen
HESSEN	Nachbarländer
ANSBACH	Herrschaftsnamen
●	wichtiger Ort in größeren weltlichen Territorien
♦	Sitz geistlicher Herrschaften
■	Reichsstadt
○	Sitz kleinerer weltlicher Herrschaften
B.	Herrschaftsbebiet gehört zu Bayreuth

TSCHECH.

...nstein

REPUBLIK

...euchtenberg

PFALZ

Straubing

N I E D E R B A Y E R N

Donau

PASSAU

Passau

Landshut

Ortenburg

OBER-

ÖSTERREICH

Mühldorf

Burghausen

SALZBURG

...osenheim

Salzburg

Berchtesgaden

SALZBURG

Herrschaftsgebiete um 1800 im heutigen Bayern

Bayerische Regenten und Ministerpräsidenten

Die bayerischen Herzöge und Kurfürsten

Sternchen * verweisen auf sich verzweigende Herrschaftsbereiche.

Agilolfinger
Garibald I. (um 570)
Tassilo I. (6./7. Jh.)
Garibald II. (7. Jh.)
Theodo (ca. 680–728)
Theodebert (720/25)
Grimoald (728)
Theodolt (1. Hälfte des 8. Jh.)
Tassilo II. (1. Hälfte des 8. Jh.)
Hucbert (725–737)
Odilo (737–748)
Tassilo III. (748–788)

Luitpoldinger
Arnulf (907–937)
Eberhard (937– 938)
Berthold (938–947)
Heinrich III. (983–985)

Liudolfinger
Heinrich I. (948–955)
Heinrich II. (955–976, 985–995)
Otto I. (976–982)
Heinrich IV. (995–1004,
    1009–1018; seit 1002
    König H. II.)

Salier
Konrad I. (1026–1027; seit 1024
    König K. II.)
Heinrich VI. (1027–1042,
    1047–1049; seit 1039
    König H. III.)
Heinrich VIII. (1053–1054,
    1077–1095; seit 1056
    König H. IV.)
Konrad II. (1054–1055)

Agnes (1055–1061; Witwe
    Heinrichs VI.)

Fränkisch-sächsische Dynastien
Heinrich V. von Lützelburg
    (1004–1009, 1018–1026)
Heinrich VII. von Lützelburg
    (1042–1047)
Konrad I. von Zütphen in Holland
    (1049–1053)
Otto von Northeim (1061–1070)

Welfen
Welf I. (1070–1077, 1095–1101)
Welf II. (1101–1120)
Heinrich IX. (1120–1126)
Heinrich X. (1126–1138)
Heinrich XII. (1156–1180)

Babenberger-Staufer
Leopold von Babenberg
    (1139–1141)
Konrad III., König (1141–1143)
Heinrich XI. von Babenberg
    (1143–1156)

Wittelsbacher
Otto I. (1180–1183)
Ludwig I. (1183–1231)
Otto II. (1231–1253)
Ludwig II. und Heinrich XIII.
    (1253–1255)*

Oberbayern und Pfalz
Ludwig II. (1255–1294)
Rudolf I. (1294–1319)
Ludwig IV. der Bayer (1294–1347;
    seit 1314 König, seit 1328

Kaiser; seit 1340 auch Hzg.
v. Niederbayern)
[1329–1777 regierten in der Pfalz
die Nachkommen Rudolfs I.]

Niederbayern
Heinrich XIII. (1255–1290)
Otto III. (1290–1312)
Ludwig III. (1290–1296)
Stephan I. (1290–1309)
Heinrich XIV. (1310–1339)
Otto IV. (1310–1334)
Heinrich XV. (1312–1339)
Johann I. (1339–1340)
[erloschen]

Ludwig V., Stephan II., Wilhelm I.,
Albrecht I., Ludwig VI. und
Otto V. (1347–1349)*

Oberbayern (mit Brandenburg
und Tirol)
Ludwig V. (1349–1361)
Meinhard (1361–1363)
[erloschen]
nur in Brandenburg:
Ludwig VI. (1351–1365)
Otto V. (1351–1373)

Niederbayern (mit Holland)
Stephan II., Wilhelm I. und
Albrecht I. (1349–1353)*

Niederbayern-Straubing
(mit Holland)
Wilhelm I. (1353–1358)
Albrecht I. (1353–1404)
Wilhelm II. (1404–1417)
Johann III. (1417–1425)
[erloschen]

Niederbayern-Landshut
Stephan II. (1353–1375; seit 1363
auch in Oberbayern)

Stephan III., Friedrich und
Johann II. (1375–1392)*

Bayern-Ingolstadt
Stephan III. (1392–1413)
Ludwig VII. (1413–1447)
Ludwig VIII. (1443–1445)
[erloschen; zu Bayern-Landshut]

Bayern-Landshut
Friedrich (1392–1393)
Heinrich XVI. (1393–1450)
Ludwig IX. (1450–1479)
Georg (1479–1503)
[erloschen; zu Bayern-München]

Bayern-München
Johann II. (1392–1397)
Ernst (1397–1438)
Wilhelm III. (1397–1435)
Albrecht III. (1438–1460)
Johann IV. (1460–1463)
Sigmund (1460–1467)
Albrecht IV. (1463–1503)

Albrecht IV. (1503–1508)
Wilhelm IV. (1508–1550)
Ludwig X. (1508–1545)
Albrecht V. (1550–1579)
Wilhelm V. (1579–1597)
Maximilian I. (1597–1651;
seit 1623 als Kurfürst)
Ferdinand Maria (1651–1679)
Maximilian II. Emanuel
(1679–1726)
Karl Albrecht (1726–1745;
seit 1742 Kaiser)
Maximilian III. Joseph
(1745–1777)
Karl Theodor (1777–1799
als Kurfürst v. Pfalzbayern)
Maximilian IV. Joseph
(1799–1806; bis 1825
als König)

Die bayerischen Könige

Maximilian I. Joseph (1806–1825)
Ludwig I. (1825–1848)
Maximilian II. (1848–1864)
Ludwig II. (1864–1886)
Otto (1886–1913); an seiner Stelle:

Prinz Luitpold,
  Regent (1886–1912);
Prinz Ludwig,
  Regent (1912–1913)
Ludwig III. (1913–1918)

Die Ministerpräsidenten des Freistaats Bayern

Kurt Eisner (1918–1919)
Johannes Hoffmann (1919–1920)
Gustav von Kahr (1920–1921)
Hugo Graf von Lerchenfeld
  (1921–1922)
Eugen von Knilling (1922–1924)
Heinrich Held (1924–1933)

Fritz Schäffer (1945)
Wilhelm Hoegner (1945–1946,
  1954–1957)
Hans Ehard (1946–1954,
  1960–1962)
Hanns Seidel (1957–1960)
Alfons Goppel (1962–1978)
Franz Josef Strauß (1978–1988)
Max Streibl (1988–1993)
Edmund Stoiber (seit 1993)

Literaturverzeichnis

Große, zusammenfassende Darstellungen

Max Spindler/Andreas Kraus (Hg.): Handbuch der bayerischen Geschichte, 4 Bde. in 7 Teilbden., [1-3]1974–2001; Sigmund Riezler: Geschichte Baierns, 8 Bde. u. Registerbd., 1878–1932; Michael Doeberl: Entwicklungsgeschichte Bayerns, 3 Bde., 1906–1931

Kürzere Zusammenfassungen, auch Lehrbücher

Karl Bosl: Bayerische Geschichte, [6]1979; Peter Claus Hartmann: Bayerns Weg in die Gegenwart. Vom Stammesherzogtum zum Freistaat heute, 1989; Benno Hubensteiner: Bayerische Geschichte, [15]1999; Andreas Kraus: Geschichte Bayerns, [2]1988; Ders.: Grundzüge der Geschichte Bayerns, [2]1992; Otto Kronseder: Lehrbuch der Bayerischen Geschichte, [22]1927; Friedrich Prinz: Die Geschichte Bayerns, [2]1999; Hans Rall: Zeittafeln zur Geschichte Bayerns, [2]1992

Epochenübergreifende Darstellungen

„Haus Bayern": Adalbert Prinz von Bayern: Die Wittelsbacher. Geschichte unserer Familie, 1979; Hubert Glaser (Hg.): Wittelsbach und Bayern (Ausst.Kat. und Darst.), 3 Bde. in 6 Tl., 1980

Kirchengeschichte: Walter Brandmüller (Hg.): Handbuch der bayerischen Kirchengeschichte, Bd. I/1 u. 2, 1999; Bd. II, 1993; Bd. III, 1991; Gerhard Müller/Horst Weigelt/Wolfgang Zorn (Hg.): Handbuch der Geschichte der Evangelischen Kirche in Bayern, Bd. II: 1800–2000, 2000; Stefan Schwarz: Die Juden in Bayern im Wandel der Zeiten, 1963

Topographie: Max Spindler (Hg.)/Gertrud Diepolder (Red.): Bayerischer Geschichtsatlas, 1969; Historischer Atlas von Bayern, seit 1950 ersch. i. d. Tl. Altbayern, Franken u. Schwaben, 130 Bde. (wird fortgesetzt); Karl Bosl (Hg.): Handbuch der historischen Stätten Deutschlands, Bd. 7: Bayern, [3]1981

Größere Territorien und Reichsstädte: Günther Grünsteudel u. a. (Hg.): Augsburger Stadtlexikon, [2]1998; Erich Frhr. v. Guttenberg: Das Hochstift Bamberg, 1937; Günter Schuhmann: Die Markgrafen von Brandenburg-Ansbach, 1980; Meinrad Schaab: Geschichte der Kurpfalz, 2 Bde., 1988–1992; Michael Diefenbacher u. a. (Hg.): Stadtlexikon Nürnberg, 1999; Ludwig Veit: Passau. Das Hochstift, 1978; Peter Schmid: Geschichte der Stadt Regensburg, 2 Bde., 2000; Walter Scherzer: Das Hochstift Würzburg im Spätmittelalter, in: Unterfränkische Geschichte, 1992, S. 17–84

Einzelne Epochen

Vorgeschichte und Mittelalter: Wolfgang Czysz/Karlheinz Dietz/Thomas Fischer/Hans-Jörg Kellner: Die Römer in Bayern, 1995; Hermann Dannheimer/Heinz Dopsch (Hg.): Die Bajuwaren. Von Severin bis Tassilo, 1988; Lothar Kolmer: Machtspiele. Bayern im frühen Mittelalter, 1990; Kurt Reindel: Bayern im Mittelalter, 1970; Ders.: Die bayerischen Luitpoldinger 893–989, 1953; Karl Lechner: Die Babenberger. Markgrafen und Herzoge von Österreich 976–1246, 1985; Heinz Thoma: Ludwig der Bayer (1282–1347). Kaiser und Ketzer, 1993; Philipp Dollinger: Der bayerische Bauernstand vom 9. bis zum 13. Jahrhundert, 1981; Heinz Lieberich: Landherren und Landleute. Zur politischen Führungsschicht Baierns im Spätmittelalter, 1964

Frühe Neuzeit (1500–1800): Anton Schindling/Walter Ziegler (Hg.): Die Territorien des Reichs im Zeitalter der Reformation und Konfessionalisierung. Land und Konfession 1500–1650, 7 Bde., 1989–1997; Dieter Albrecht: Maximilian I. von Bayern 1573–1651, 1998; Roswita von Bary: Henriette Adelaide. Kurfürstin von Bayern, 1980; Hubert Glaser (Hg.): Kurfürst Max Emanuel. Bayern und Europa um 1700 (Ausst.Kat. u. Darst.), 2 Bde., 1976; Peter Claus Hartmann: Karl Albrecht – Karl VII. Glücklicher Kurfürst, Unglücklicher Kaiser, 1985; Alois Schmid: Max III. Joseph und die europäischen Mächte. Die Außenpolitik des Kurfürstentums Bayern von 1745–1765, 1987; Hans Rall: Kurfürst Karl Theodor. Regierender Herr in sieben Ländern, 1994

Neueste Geschichte und Zeitgeschichte (seit 1800): Karl Möckl: Der moderne bayerische Staat. Eine Verfassungsgeschichte vom aufgeklärten Absolutismus bis zum Ende der Reformepoche, 1979; Adalbert Prinz von Bayern: Max I. Joseph von Bayern, 1957; Heinz Gollwitzer: Ludwig I. von Bayern, 1986; Rainer A. Müller (Red.): König Maximilian II. von Bayern 1848–1864, 1988; Hans Rall/Michael Petzet: König Ludwig II., [6]1980; Karl Möckl: Die Prinzregentenzeit, 1972; Wolfgang Zorn: Bayerns Geschichte im 20. Jahrhundert, 1986; Karl Schwend: Bayern zwischen Monarchie und Diktatur, 1954; Martin Broszat u.a. (Hg.): Bayern in der NS-Zeit, 6 Bde., 1977–1983; Falk Wiesemann: Die „Machtergreifung" in Bayern, 1975; B. Ophir/F. Wiesemann: Die jüdischen Gemeinden in Bayern 1918–1945, 1979; Christoph Weisz (Hg.): OMGUS-Handbuch. Die amerikanische Militärregierung in Deutschland 1945–1949, 1994; Maximilian Lanzinner: Zwischen Sternenbanner und Bundesadler. Bayern im Wiederaufbau 1945–1958, 1996; Albrecht Liess (Red.): „Das schönste Amt der Welt". Die bayerischen Ministerpräsidenten von 1945 bis 1993, 1999

Personenregister

Abkürzungen: B. = Bischof; Gf. = Graf; Hz. = Herzog (v. B.: von Bayern); K. = Kaiser; Kf. = Kurfürst; Kg. = König; Kgin. = Königin; Kin. = Kaiserin; P. = Papst; Pfgr. = Pfalzgraf; Pr. = Prinz